URSULA BAATZ **BUDDHISMUS**

W0195674

URSULA
BAATZ
BUDDHISMUS

DIEDERICHS  KOM
PAKT

Bibliografische Information der Deutschen Bibliothek

Die Deutsche Bibliothek verzeichnet diese Publikation
in der Deutschen Nationalbibliografie; detaillierte
bibliografische Daten sind im Internet unter
http://dnb.ddb.de abrufbar.

Umschlaggestaltung: Werkstatt München / Weiss · Zembsch
Textredaktion: Loel Zwecker, München
Produktion: Ortrud Müller
Satz: EDV-Fotosatz Huber/Verlagsservice G. Pfeifer,
Germering
Druck und Bindung: Druckerei J. P. Himmer, Augsburg
Printed in Germany 2005

ISBN 3-7205-2313-6

INHALT

I. EINFÜHRUNG

DER BUDDHISMUS –
EINE GLOBALE RELIGION

Nicht nur in Bangkok, Tokio oder Peking, auch in Rio de Janeiro, Kapstadt, Rom, Moskau oder New York findet man heute buddhistische Tempel. Der Buddhismus stammt zwar aus Asien, doch er ist so wie Christentum und Islam eine globalisierungsfähige Religion. Hindu im strikten Sinn z.B. kann man nur sein, wenn man in Indien geboren ist; doch Buddhist kann man unabhängig von ethnischer Zugehörigkeit oder dem Geburtsort sein.

Wie das Christentum oder der Islam hat sich der Buddhismus im Laufe der Jahrhunderte den unterschiedlichsten Kulturen angepasst. Ausgehend von einem kleinen Territorium im Nordwesten Indiens, an der heutigen Grenze zwischen Indien und Nepal hat sich die Lehre des Buddha im Laufe von ungefähr 1500 Jahren bis nach Sri Lanka, Thailand und ins Goldene Dreieck ausgebreitet, in die Mongolei, nach China, Korea und Japan. Seit Mitte des 19. Jahrhunderts gibt es auch in Ländern, in denen die überwiegende Mehrheit christlich ist, zunehmend mehr Buddhisten.

Begonnen hat diese Entwicklung in den USA mit Japanern, die aus ihrer damals armen Heimat als Zuckerrohrarbeiter nach Hawaii kamen und dort blieben. Hawaii ist heute das größte japanische Siedlungsgebiet außerhalb Japans und die buddhistischen Tempel gehören zum Stadtbild von Honolulu. Das größte Zen-Kloster außerhalb Japans befindet sich in San Francisco, gegründet 1960 von dem japanischen Zen-Meister Shunryu Suzuki. Es ist ein Kloster vorrangig oder fast ausschließlich für *caucasians*, wie man die Weißen in den USA manchmal nennt. Japaner sind dort kaum zu finden. Denn erstens gehören die meisten Japaner nicht einer zen-buddhistischen Schule an, sondern zu Jodo-Shin-Shu, einer Richtung des »Reinen-Land-Buddhismus«. Und zweitens gibt es zwischen den »weißen« Buddhisten und den so genannten ethnischen Buddhisten einen tiefen Graben, über den hinweg kaum Kommunikation stattfindet.

Dieses Phänomen lässt sich auch in Europa beobachten. Der buddhistische Tempel in der Nähe von Hannover z.B. wird hauptsächlich von Vietnamesen besucht, die hier die vertraute Atmosphäre ihrer Kultur wieder finden. »Volksbuddhismus« sagen die Religionswissenschaftler dazu und unterscheiden davon den Buddhismus der gebildeten Elite, dessen Träger die Mönche sind. Die Weißen, die Buddhisten werden, gehören aber meistens zur gehobenen Mittelschicht ihrer Länder, und das heißt zur Elite. Deswegen spricht man oft von *Elite-Buddhismus*, wenn man den Buddhismus der »Westler« meint. Und tatsächlich lernt man im Westen vor allem den Buddhismus der asiatischen Mönchs-Elite kennen. Die Meditationslehrer, die seit einigen Jahrzehnten den Westen besuchen, gehören in ihrem Land zur spirituellen Elite. Die »gewöhnlichen Mönche« und die buddhistischen Priester, die nicht zur intellektuellen Elite gehören oder Spitzenfunktionen in der buddhistischen Hierarchie einnehmen, bekommt man hier im Westen nicht zu Gesicht. Und dadurch entsteht ein etwas einseitiges Bild des Buddhismus für Westler.

Buddhismus ist nicht gleich Buddhismus – das gilt in vielfacher Hinsicht. Denn erstens gibt es viele buddhistische Schulen und Richtungen, die sich – manchmal sogar sehr – voneinander unterscheiden. Zweitens gibt es verschiedene Möglichkeiten, den Buddhismus zu leben. Denn wie jede Religion befasst sich der Buddhismus mit dem alltäglichen konkreten Leben und wie man es in Heil bringender Weise gestalten kann.

Religionen haben viele verschiedene Aspekte und sie können in unterschiedlicher Intensität und mit unterschiedlichen Zielvorstellungen gelebt werden. Wenn man den zeitgenössischen Buddhismus betrachtet, sind vier Orientierungen vorherrschend:

ZEITTAFEL

um 480 (?)–400 (?) v.u.Z.*	Buddha
400–280 v.u.Z.	mehrere Konzilien, erstes Schisma (»Kirchen«-Spaltung)
um 100 v.u.Z.	Entstehen des Mahayana-Buddhismus, Abgrenzung von Theravada-Buddhismus
um 100 u.Z.**	Buddhismus in China
um 400 u.Z.	Reiner-Land-Buddhismus in China
um 600 u.Z.	Ch'an/Zen-Buddhismus in China
um 400–600 u.Z.	Entstehen des tantrischen Buddhismus in Indien
ab 700 u.Z.	Buddhismus in Tibet:
	Nyingmapa (8. Jh.)
	Sakyapa (11. Jh.)
	Kagyüpa (11./12. Jh.)
	Gelugpa (14. Jh.)

1. Die *pragmatische Orientierung*: Hier wird vor allem nach persönlichem Wohlergehen und nach Schutz vor Unglücksfällen und widrigen Verhältnissen gesucht. In allen Richtungen des Buddhismus gibt es entsprechend Rituale und Praktiken, in denen Schutzgeister angerufen oder Dämonen vertrieben werden usw. Diese Rituale und Praktiken werden aber meistens nicht von Mönchen durchgeführt.
2. Die *karmische Orientierung*: Hier bemühen sich die Menschen um eine bessere Wiedergeburt, damit die Probleme des gegenwärtigen Lebens in einem nächsten Leben überwunden werden können. Man versucht, sich durch gute Taten gutes Karma zu schaffen, um dadurch ein besseres nächstes Leben zu verdienen. In diesem Zusammenhang leisten Mönche auf verschiedene Weise Hilfestellungen – durch Belehrungen, Rituale, aber auch als Empfänger von materi-

---

* v.u.Z. = vor unserer Zeitrechnung; dieser Begriff hat die gleiche Bedeutung wie ›v. Chr.‹.
* u.Z. = unserer Zeitrechnung; dieser Begriff hat die gleiche Bedeutung wie ›n. Chr.‹.

ellen Zuwendungen. Dem Kreislauf der Wiedergeburten kann man so allerdings nicht entrinnen.
3. Die *Orientierung des Erwachens* oder *Bodhi-Orientierung:*
Das bedeutet eine Ausrichtung auf Nirvana oder die
vollkommene Erleuchtung als Lebensziel.[1] Westliche
Buddhisten orientieren sich – im Unterschied zu asiatischen Buddhisten – sehr häufig an diesem Ziel. Sie leben dabei allerdings den Buddhismus in ihrem eigenen
westlichen kulturellen Rahmen. Hier gilt eine buddhistische Ausrichtung seit der Hippie-Ära der achtziger
Jahre des 20. Jahrhunderts als Teil eines alternativen
Lebensstils. Bezogen auf westliche Buddhisten kann
man auch von einer weiteren Variante sprechen:
4. Die *Lifestyle-Orientierung:* Sie liegt etwa vor, wenn
schwarze Sitzkissen, wie man sie in der Zen-Praxis
verwendet, als ein innenarchitektonischer Akzent in
Wohnungen platziert werden, wenn buddhistische
Lehren zur Begründung eines ökologischen Lebensstils dienen oder wenn einfach irgendwo in der Wohnung eine Buddha-Statue steht.

In westlichen Wohnungen finden Buddha-Statuen ihren
Platz durchaus auch in der Nähe des Fernseh-Apparates
oder an einem anderen zentralen, aber säkularen Platz in
der Wohnung. Asiaten dagegen stellen die Buddha-Statue in einen sakralen Kontext, zünden vor ihr Kerzen
und Räucherwerk an und stellen kleine Schälchen mit
Wasser oder anderen Opfergaben dazu. An diesem kleinen Beispiel wird rasch der Unterschied zwischen einer
westlichen Wahrnehmung des Buddhismus und der Art,
wie ethnische Buddhisten ihre Religion leben, deutlich.
Westliche Buddhisten leben meist gemäß den Normen
der säkularen westlichen Gesellschaft, für die Religion
Privatsache ist. Mit den sakralen Aspekten des Buddhismus haben sie oft Mühe. In ihren Wohnungen gibt es
zwar meistens einen kleinen buddhistischen Hausaltar,
doch der steht meist in den privateren Teilen der Wohnung, z.B. im Schlafzimmer. Eine andere Lösung des
Problems ist, die ästhetische Dimension von Religion in
den Vordergrund zu stellen: eine klassische Khmer- oder

Thai-Buddha-Statue, davor eine Vase mit Blumen oder eine nach japanischem Vorbild gestaltete Ecke mit Schriftrolle und Ikebana: das schafft eine ästhetische und daher unverfängliche Repräsentation von Religion im ansonsten säkularen Ambiente.

BUDDHISMUS FÜR WESTLER

Das Wort »Buddhismus« ist eine westliche Prägung und erst um das Jahr 1830 allgemein gebräuchlich geworden. Die europäischen Kaufleute, Soldaten, Missionare und Abenteurer waren den Anhängern der Lehre des Buddha zwar schon früher begegnet, doch der Buddhismus hat viele verschiedene Gesichter. In Thailand, Myanmar oder Sri Lanka herrscht der Theravada-Buddhismus vor, und die religiösen Gebräuche, die Mönchsgewänder und die Tempelformen unterscheiden sich von den buddhistischen Formen in China, Korea, Japan oder in Tibet. Auch gibt es verschiedene Worte, um den Buddha zu bezeichnen. Dazu kam, dass in Indien stationierte englische Kolonialbeamte den Buddhismus für eine Form der »brahmanischen Religion« hielten. Erst als um die Mitte des 19. Jahrhunderts die ersten wissenschaftlichen Übersetzungen buddhistischer Texte erschienen, gewann man in Europa allmählich ein Bild vom Buddhismus als einer eigenständigen Religion. Das Hauptaugenmerk richtete sich dann wiederum für gut hundert Jahre – also bis in die sechziger Jahre des 20. Jahrhunderts – auf die buddhistischen *Texte*. Dass der Buddhismus heute im Westen vor allem als Meditationspraxis Menschen anzieht, datiert erst seit den sechziger Jahren des 20. Jahrhunderts.

Der deutsche Philosoph Arthur Schopenhauer vermeinte im Buddhismus seine eigene pessimistische Haltung, dass das Leben zu überwinden sei, wieder zu finden. Sein Einfluss bewirkte unter Europas Intellektuellen ein enormes Interesse am Buddhismus.

Das Interesse des jungen Philosophen an Indien entsprang zum einen einer seit spätestens der deutschen

Romantik in Intellektuellen- und Künstler-Kreisen verbreiteten Kritik an der eben entstehenden Industriezivilisation; zum anderen lässt sich eine Ablehnung der jüdisch-christlichen Religion beobachten, genauer, der abrahamitischen Religionen im Allgemeinen. Diese beiden Momente bestimmen das Interesse und die positive Wahrnehmung des Buddhismus durch viele Menschen im Westen bis heute. Dass dies ein Rückgriff auf das Arsenal der Zivilisationskritik der Romantik, und das heißt des 19. Jahrhunderts, ist, spielt dabei offenbar keine Rolle.

Dazu kommt die Suche nach einer Lehre, in der sich moderne Naturwissenschaft und religiöse Erfahrung verbinden lassen. Dass Religion mit Erfahrung zu tun hat und nicht nur mit Dogmen, hatte als Erster der evangelische Theologe Schleiermacher 1824 postuliert und damit ein Bedürfnis seiner Zeitgenossen getroffen. Asiatische Buddhisten vor allem in Japan und in Sri Lanka übernahmen diese und andere Ideen der abendländischen Religionskritik und interpretierten den Buddhismus mit Hilfe westlicher Publizisten als eine Religion, die den Anforderungen der Aufklärung entspricht. So wurde der Buddhismus auch beim ersten Parlament der Weltreligionen 1893 in Chicago von einem japanischen Zen-Mönch und einem Mönch aus Sri Lanka Zuhörern aus der ganzen westlichen, christlichen Welt präsentiert.

Unterstützung fand diese Sicht des Buddhismus auch von ganz anderer Seite, nämlich von der Theosophischen Gesellschaft. Diese berühmte oder berüchtigte Vereinigung, die von der russischen Spiritistin H.P. Blavatsky und dem Journalisten H.S. Olcott 1875 gegründet wurde, hatte als einen Punkt die Suche nach einer Verbindung von Naturwissenschaft und Religion in ihrem Programm, und der Buddhismus schien sich für so eine Verbindung zu eignen. Dass dem Buddhismus bis heute ein gewisser »geheimwissenschaftlicher Geruch« anhaftet, hängt unter anderem mit dem Interesse von Madame Blavatsky und Henry S. Olcott am Buddhismus zusammen.

RELIGION, WELTANSCHAUUNG ODER PHILOSOPHIE?

Manches, was aus der Sicht eines Christen zu den Standard-Requisiten von Religion gehört, gibt es im Buddhismus nicht; vor allem gibt es kein Pendant zu dem Bild von einem Vatergott, das die westliche Imagination bestimmt. Unter anderem aus diesem Grund hat man im 19. Jahrhundert den Buddhismus für eine Philosophie oder Weltanschauung gehalten. Doch abgesehen von der Vorstellung eines absoluten Gottes findet man im Buddhismus alles, was etwa gemäß der Aufstellung des Religionswissenschaftlers Ninian Smart zu einer Religion gehört: 1. Es gibt Rituale und Liturgien, die von Mönchen oder auch ordinierten Priestern vollzogen werden. 2. Persönliche Erfahrungen, oft mit Emotionen verbunden, sind für den Buddhismus wie für jede andere Religion entscheidende Momente. 3. Es gibt Erzählungen und Mythen, nicht nur vom Buddha und den Vorleben des Buddha, sondern auch von anderen heilsrelevanten Gestalten, wie z.B. dem Bodhisattva Avalokiteshvara. 4. Es existiert eine überaus reichhaltige philosophische Literatur und dazu systematische Darlegungen der Lehrgebäude der verschiedenen buddhistischen Schulen. 5. Recht in Form des Ordensrechtes (*vinaya*) spielt eine ganz zentrale Rolle, ebenso Ethik (*sila*). 6. Die soziale und institutionelle Dimension des Buddhismus ist augenfällig; Mönche und Nonnen bilden den Kern des Buddhismus als Institution; es gibt zwar keine zentrale Autorität wie in der römisch-katholischen Kirche, hingegen aber hierarchische Strukturen. 7. Tempelanlagen, Skulpturen, Bilder usw. bilden den materiellen Niederschlag von 2500 Jahren buddhistischer Tradition.

DIE ÜBERLIEFERUNG

Wenn man in Benares auf den Stufen der Ghats am Ufer der Ganga sitzt und über die Pilger, die hier im und am dunkelbraunen Wasser ihre Gebete und Mantren murmeln, auf die andere Seite des Flusses hinüberblickt, hat man im Rücken die Stadt Benares. Am jenseitigen Ufer des Flusses dagegen eröffnet sich ein Grasland, eine große Weite, in der sich die Konturen im Dunst verlieren und die Erde mit dem Himmel zusammenfließt. Benares gilt in der hinduistischen Tradition als eine »Furt«, als ein Ort, an dem der Übergang in einen befreiten Zustand jenseits der Welt leichter möglich ist als an anderen Orten. Schon zur Zeit des Buddha scheint diese Hafen- und Handelsstadt an der Ganga ein Pilgerort gewesen zu sein. Vielleicht hat den Buddha der Blick über die Ganga dazu angeregt, den buddhistischen Weg mit der Überquerung eines Stromes zu vergleichen. Die Lehre ist wie ein Floß, sagt er, mit dem man irgendwann Nirvana, »das jenseitige Ufer erreichen« wird.

Die Lehre des Buddha entsteht aus der vedisch-brahmanischen Tradition, in der er aufgewachsen ist, aber sie grenzt sich davon ab. Doch gerade deswegen ist sie ohne diese Tradition genauso wenig denkbar, wie z.B. das Christentum ohne die jüdische Tradition.

Die Spuren der brahmanischen Tradition zeigen sich allenthalben in den Sutren, aber sind nicht leicht zu entziffern, weil die Überlieferung der Lehrreden des Buddha durch mehrere Stadien gegangen ist, so dass ein »Original« kaum zu rekonstruieren ist.[2]

Erstmals wurden die Lehrreden des Buddha im so genannten 1. Konzil nach dem Tod des Buddha gesammelt. Wer unter den Mönchen sich Lehrreden gemerkt hatte, wurde gebeten, sie vorzutragen; und daraus entstand ein mündlich überlieferter Kanon von Texten, vermutlich in Magghadi, der Sprache des Gautama Buddha. Das war entweder im 5. oder 4. Jahrhundert v.u.Z., je nachdem, wie die Lebensdaten des Buddha angesetzt werden. Diese Sutren wurden im 1. Jahrhundert v.u.Z. in Sri Lanka auf Pali niedergeschrieben, der »Pali-Kanon«. Die Palmblattmanuskripte wurden in Körben (*pittaka*) aufbewahrt, und daher spricht man vom *Vinayapittaka*, der die Mönchsregeln enthält, dem *Suttapittaka* mit vier Sammlungen der Lehrreden des Buddha und einem Anhang mit Gedichten und Erzählungen und dem *Abhidharmapittaka*, der jüngsten Sammlung, die philosophische und scholastische Kommentare enthält. Die ältesten erhaltenen Abschriften stammen allerdings frühestens aus dem 15. Jahrhundert u.Z. – also ca. 2000 Jahre nach dem Auftreten Gautama Buddhas. Im Vergleich dazu stammen die ältesten erhaltenen Manuskripte der hebräischen Bibel aus dem 3. Jahrhundert v.u.Z. und die ältesten Codices des Neuen Testaments aus dem 4. Jahrhundert u.Z.

Um das 1. Jahrhundert v.u.Z. hatte sich die buddhistische Gemeinschaft aufgrund von Richtungsstreitigkeiten in eine Vielzahl von Schulen aufgesplittert. Die Streitpunkte betrafen meist die monastische Disziplin. Ungefähr 70 Jahre nach dem ersten Treffen zur Rezitation der Texte fand ein zweites Mönchskonzil statt und rund hundert Jahre danach ein drittes Konzil. Bei diesem Konzil entstanden die beiden großen Richtungen des heutigen Buddhismus, der Theravada-Buddhismus (von *thera*, »die Älteren«, und *vada*, »Weg«) und der Mahayana-Buddhismus (*maha*, »groß«, und *yana*, »Fahrzeug«).

Die schriftliche Überlieferung wurde komplexer. In manchen der Theravada-Richtungen wurden Lehrreden des Buddha überliefert, die nicht im Pali-Kanon zu finden sind und von denen man heute nur Übersetzungen in Sanskrit, Tibetisch oder Chinesisch kennt. Zudem entstanden völlig neue heilige Schriften. Denn der Mahayana-Buddhismus, zu dem z.B. auch der Zen-Buddhismus zählt, entwickelte eine eigene Sutren-Literatur. Entstanden sind die Mahayana-Texte zwischen dem 1. Jahrhundert v.u.Z. und dem 6. Jahrhundert u.Z. Die ältesten erhaltenen Handschriften von Mahayana-Sutren stammen aus dem 9. Jahrhundert u.Z. Sie wurden von westlichen Gelehrten in Höhlen im Westen Chinas in Tunhuang zu Anfang des 20. Jahrhunderts gefunden. In diesen Sutren spricht der Buddha nicht, wie im Pali-Kanon, an einem irdischen Ort – etwa in einem Tierpark oder einem Dorf, sondern in einem mythischen Raum, der erfüllt ist von Myriaden Wesen: Menschen, Bodhisattvas, Götter (*deva*) usw. In einigen der Mahayana-Sutren spricht anstelle des Buddha auch ein erleuchteter Mensch, z.B. die Königin Shrimala oder der Laie, d.h.

Nicht-Mönch, Vimalakirti. Nach den historisch-kritischen Standards westlicher Wissenschaft sind sie keine »authentischen« buddhistischen Texte. Doch in der Mahayana-Tradition ist die Authentizität und Autorität dieser Sutren unbestritten. Mahayana-Sutren sind genauso wie die Pali-Sutren die »Stimme des Buddha«.

Doch damit ist es nicht genug der Komplikationen. In Indien entstand nach dem 6. Jahrhundert eine neue religiöse Bewegung, der Tantrismus. Rituale und Geheimpraktiken sind für diese Richtung, die es sowohl im Hinduismus wie Buddhismus gibt, typisch. Auch im tantrischen Buddhismus, dem Vajrayana (von *vajra*, »Donnerkeil«), entstanden neue Sutren, die in symbolischer Sprache die Anweisungen für Rituale und Praktiken beinhalten und ohne die Unterweisung eines Lehrers für Außenstehende unverständlich sind.

Aus den drei großen Textsammlungen der drei buddhistischen Richtungen (»Fahrzeuge«) stellte man in Tibet im 14. Jahrhundert u.Z. einen eigenen Kanon zusammen. Der Buddhismus war hier seit dem 8. Jahrhundert die dominante Religion. Durch die Übersetzung der Texte ins Tibetische und die schrittweise Integration der drei buddhistischen Schulen entstand eine eigene Form der buddhistischen Tradition. Dazu kommen aber noch andere, »Schatztexte« (*terma*) genannt. Es heißt, dass diese Texte in der Frühzeit des tibetischen Buddhismus in Felshöhlen u.a. versteckt wurden und aufgrund von Visionen oder Träumen gefunden werden, wenn die Zeit dafür reif ist. Der im Westen bekannteste »Schatztext« ist das »Bardo Thödol«, das Totenbuch der Nyingmapa-Schule des tibetischen Buddhismus.

Die buddhistische Tradition legt Wert auf eine dreifache Schulung. Moralität (*sila*), »Sammlung des Geistes« (*samadhi*) und Einsicht (*prajna*) müssen entwickelt und veredelt werden, will man den Weg des Buddha gehen. Rechte Meditationspraxis (*dhyana*) und rechtes Nachdenken (*nyaya*) gehören zum doppelten Erbe des Buddha.[3] Aus dieser Kombination sind im Laufe von zweieinhalb Jahrtausenden eine Fülle von philosophischen

Schulen und Meditationsschulen entstanden, die sich in ihrer Entwicklung gegenseitig befruchtet haben.[4] Damit gibt es ein ungeheures Corpus der buddhistischen Überlieferung.

In einem Tempel in der alten japanischen Stadt Kamakura etwa steht ein drehbarer Bücherschrank, gut zwei Meter im Durchmesser und mehr als zwei Meter hoch; dieser drehbare Bücherschrank enthält alle Texte, die dem Mahayana-Buddhismus heilig sind. Man sagt, dass eine Umdrehung der riesigen Büchertrommel der Lektüre all dieser Schriften entspricht. Doch es zählt nicht nur die symbolische Lektüre. Der Buddhismus betont zwar auf der einen Seite die eigene Erfahrung in der Meditation, auf der anderen Seite aber ist das Studium der schriftlichen Überlieferung ebenso wichtig – weil auf diese Weise die Begriffe erworben werden, mit denen die Erfahrung der Meditation mitgeteilt, interpretiert und beurteilt wird.

BUDDHISMUS – EIN WEG

Buddham saranam gacchami, Dhammam saranam gacchami, Sangham saranam gacchami.

»Ich nehme Zuflucht zum Buddha (zum Erwachten), ich nehme Zuflucht zum Dharma (zur Lehre), ich nehme Zuflucht zum Sangha (zur Gemeinschaft).«

Wer diese knappe Formel rezitiert, reinigt, erfrischt und stärkt sich, indem sie oder er Herz und Geist auf Weisheit und Frieden ausrichtet. Auch wenn diese Formel den formellen Übertritt zum Buddhismus anzeigen kann, ist die so genannte »Zufluchtnahme« vor allem eine Ausrichtung auf den Buddhismus als Weg (*marga*, Skr.).

Die Metapher vom »Weg« ist nicht spezifisch buddhistisch, sondern prägt die Religiosität des indischen Subkontinents sowie diejenige Südost- und Ostasiens. Mit dem Sanskrit-Wort *marga*, Weg, wird gesagt, dass dem Aspekt der menschlichen Entwicklung besondere Beachtung geschenkt wird. Was allerdings das Ziel des Weges menschlicher Entwicklung sein soll, darüber gibt es in Hinduismus, Buddhismus, Taoismus und Konfuzianismus unterschiedliche Vorstellungen, und auch innerhalb dieser großen Religionen gibt es in den verschiedenen Schulen und Gruppen sehr unterschiedliche Sichtweisen. Gemeinsam ist allen diesen Religionen jedoch die Wahrnehmung, dass die Menschen ein Entwicklungspotenzial in sich haben, eine Ausrichtung auf Transzendenz. Religion ist vor allem Weg.

Für einen »Westler« des 19. und 20. Jahrhunderts dagegen scheint Religion primär eine Institution zu sein, die mit mehr oder weniger politischer und sozialer Macht ausgestattet ist. In den vielen Jahrhunderten der Allianz von Staat und Kirche ist die Weg-Dimension des Christentums aus dem Blick gekommen. Dass heute die christliche Mystik und damit der Weg-Charakter des Evangeliums wieder entdeckt wird, ist vor allem das Ergebnis der Begegnung von Christen mit dem Buddhismus und dem Hinduismus. Der Jesuit Hugo M. Enomiya-Lassalle[5] hat nicht nur als erster Christ die Erlaubnis erhalten, Zen zu lehren, sondern durch seine Bücher und vor allem durch sein Leben den Weg-Charakter des Christentums wieder ans Licht gebracht. Und der Benediktiner Henri Le Saux oder Abhishiktananda, wie er sich als Sannyasin nannte, hat aus der Advaita-Tradition des Hinduismus neue Sichtweisen der christlichen Tradition geschöpft, die sich in seiner mystischen Erfahrung bestätigt hat.[6]

Wenn Religion als Weg menschlicher Entfaltung betrachtet wird, rücken dogmatische und doktrinäre Aspekte in den Hintergrund. Der Buddhismus wird daher im Westen vielfach als eine Religion ohne Dogmen wahrgenommen. Das ist nur bedingt richtig. Denn erstens verfestigen Doktrin und Dogma die Identität einer Religion. Die drei Kostbarkeiten – Buddha (der Erwachte), Dharma (die Lehre) und Sangha (die Gemeinschaft) – gehören sozusagen zu den unverzichtbaren ›Rahmenbedingungen‹ buddhistischen Selbstverständnisses, auch wenn sie in den verschiedenen Schulen zum Teil sehr unterschiedlich interpretiert wurden und werden. Und zum zweiten ist die geschichtliche Ausdifferenzierung des Buddhismus in verschiedene Schulen gerade durch doktrinäre Streitigkeiten in Gang gekommen, die in einigen Fällen – wie z.B. in Tibet – mit offener Gewalt ausgetragen wurden.

Auch wenn die Zugehörigkeit zu einer Religion in Asien weniger den Charakter eines Bekenntnisses, einer Konfession, als einer Lebensweise trägt, geht es immer um Identität und Unterschied, und das heißt sozial und politisch gesehen um Macht, um Einfluss und/oder Geld. Das gilt für die Verfolgung des Buddhismus im China des 7. Jahrhunderts genauso wie für die Verurteilung des bedeutenden buddhistischen Reform-Mönchs Ajahn Buddhadasa durch große Teile des klösterlichen Thai-Establishments im 20. Jahrhundert. In beiden Fällen ging es um Privilegien und Macht.

II. BUDDHA

Buddha bedeutet wörtlich »der Erwachte« und ist ein Titel, nicht ein Eigenname. Ein anderer Titel ist *Tathagatha*, wörtlich: »der so dahin Gelangte« oder »der so Gekommene«. Mit dem Wort »Buddha« kann aber auch ein Prinzip gemeint sein, das einerseits transzendent ist, sich aber andererseits gleichzeitig in den vielfältigen Phänomenen der Welt in »Soheit«, *tathata*, manifestiert.

WER IST DER BUDDHA?

»Löwengebrüll« hat man die Lehrrede des Buddha oft genannt, weil seine Stimme so mächtig und Ehrfurcht gebietend sei wie der Ruf eines Löwen. Diese Stimme ist zeitlos. Wer heute die Lehrreden des Buddha liest, wird von ihnen genauso fasziniert sein – oder auch nicht – wie die Menschen vor 2500 Jahren in Nordindien. Und sie oder er werden den Lehren des Buddha vielleicht Gehör schenken und ihr Leben danach orientieren. Diese durch Jahrtausende kontinuierliche Wirkung auf Menschen hat wenig mit der Frage zu tun, ob die historische Existenz des Buddha nachweisbar ist. Ähnliches gilt im Übrigen auch z.B. für Moses, Laotse und Konfuzius.

DER HISTORISCHE BUDDHA

Handfest historisch gesehen, lässt sich über die konkrete Existenz eines Mannes namens Siddharta Gautama aus dem Stamme der Shakya wenig ausmachen. Handfest ist die Urne aus Speckstein samt den Knochenresten darin, die 1898 ein französischer Forscher in der Nähe von Kapilavastu in Indien an der Grenze zu Nepal ausgegraben hat. Die Inschrift in einem mittelindischen Dialekt, die aufgrund der Buchstabenformen ins 4. oder 3. Jahrhundert v.u.Z. datiert werden kann, weist die Urne als »Behälter der Reliquien des Buddha, des Erhabenen« aus.[7]

Kapilavastu gilt als Heimatstadt des Buddha, Lumbini, etwa 200 Kilometer nördlich von Benares, bereits im heutigen Nepal gelegen, als Geburtsort des Buddha, und in Bodhgaya, rund 100 Kilometer nördlich von Benares, soll das »Erwachen« des Siddharta Gautama stattgefunden haben. Während der Blüte des Buddhismus in Indien befand sich hier ein Wallfahrtsort, der dann für gut 1000 Jahre in Vergessenheit geriet. 1891 entdeckte der junge singhalesische Mönch Dharmapala das heruntergekommene Areal des Tempels. 1949 konnte die von ihm gegründete internationale Maha-Bodhi-Gesellschaft das Grundstück erwerben, den Tempel restaurieren und ein Kloster errichten. Heute ist Bodhgaya wieder ein zentraler buddhistischer Wallfahrtsort und lebt vom Fremdenverkehr, vornehmlich von westlichen Buddhisten. Die Ruinen des ersten buddhistischen Klosters zeigt man in Sarnath, ungefähr zehn Kilometer von Benares entfernt gelegen. Hier soll der Buddha seine erste Predigt gehalten haben. Auch Sravasti, ca. 100 Kilometer von Lucknow entfernt, und Vaisali in der Nähe von Patna sind Orte, an denen der Buddha gepredigt haben soll. Und in Kushinagara, etwa 60 Kilometer von Gorakhpur entfernt, soll der Buddha ins endgültige Nirvana eingegangen sein.

Die Lebensdaten des Buddha sind unklar. Westliche Buddhismus-Forscher hatten im 19. Jahrhundert mit Bezug auf Theravada-Quellen seine Lebenszeit zwischen 566 und 486 v.u.Z. datiert. Aufgrund neuerer Forschungen nimmt man seit einigen Jahren den Tod des Buddha mit 410 v.u.Z. an, das heißt, er wäre ein Zeitgenosse Platons gewesen. Die Datierung ist vor allem für Fragen des Austausches zwischen Asien und Europa von Bedeutung. Sicher ist nur, dass der Buddha vor dem Feldzug Alexanders des Großen nach Indien 327–325 v.u.Z. gelebt hat.

Bildliche Darstellungen des Buddha gibt es zunächst keine, sondern nur Symbole: ein achtspeichiges Rad, einen Baum oder einen leeren Thron; oder Fußabdrücke, auf denen das »Rad der Lehre« zu sehen ist. Figürliche

Darstellungen des Buddha gibt es erst ab dem 2. Jahrhundert u.Z. Unklar ist allerdings bis heute, woher der Impuls dazu kam.

Für traditionelle Buddhisten spielt die Frage nach der historischen Existenz des Buddha Shakyamuni keine besondere Rolle. Denn »Buddha« bezeichnet nicht eine einzelne historische Person, sondern ist ein Hoheitstitel für jene, die das Wissen des Erwachens wieder entdeckt haben, wie wenn man auf einem Pfad im Dschungel eine alte Stadt wieder entdeckt.[8] In jedem der vergangenen sechs Weltzeitalter, in einer unermesslichen Zeit, gab es nur einen einzigen Buddha, heißt es, und Buddha Shakyamuni ist der siebte in dieser Reihe. Nach ihm, so der Pali-Kanon, wird nur noch ein weiterer Buddha kommen, Maitreya, der Buddha des liebenden Mitgefühls.

Der Buddha ist also kein Individuum, sondern ein Typus, der nach buddhistischer Tradition weder ein Gott (*deva*) noch ein Geist (*yaksa*), aber auch kein Mensch ist, obwohl er die Gestalt eines Menschen hat.

So wenig die buddhistische Tradition an der historischen Existenz des Buddha interessiert ist, so wichtig ist für das westliche Interesse am Buddhismus die Konzent-

---

DIE MERKMALE DES BUDDHA

Die buddhistische Tradition hat dem Buddha eine ganze Fülle von besonderen Merkmalen zugeschrieben. Manche sind äußerer Art, wie z.B. eine Liste von 32 Merkmalen. Unter anderem hat danach ein Buddha eine *ushnisha*, eine turbanartige Erhebung auf seinem Hinterkopf, und eine *urna*, einen Wirbel zwischen den Augenbrauen – beides an figürlichen Darstellungen des Buddha deutlich zu sehen. Des Weiteren soll er wohlgebildet und von golden glänzender Haut sein; aber er soll auch 40 Zähne haben, eine Zunge, die so lang ist, dass sie das Gesicht bedecken kann, und einen in einer Hautfalte verborgenen Penis usw. Auf seinen Hand- und Fußsohlen finden sich Glückszeichen und das Rad, das Symbol der königlichen Macht. Diese Kennzeichen sollen von den Zeitgenossen des Buddha auch wahrgenommen worden sein, heißt es. Auf jeden Fall machen sie eines deutlich: Der Buddha ist kein Gott, denn er hat die Gestalt und die Biografie eines Menschen, aber er ist auch kein Mensch, weil er transzendente Dimensionen hat.

ration auf den »historischen Buddha«. Als man im 19. Jahrhundert begann, sich mit dem Buddhismus zu beschäftigen, geschah das häufig aus einer kritischen Haltung gegenüber dem Christentum als Bürger- und Staatsreligion. Mit der kritischen Frage, ob denn die Bibel ein historisch zuverlässiger Text sei, konnte man die Autorität dieses heiligen Textes und vor allem das traditionelle religiöse Weltbild samt den damit verbundenen Machtansprüchen leicht untergraben. Mit der Suche nach einem »historischen Jesus« verband sich das Interesse an der politischen Entmachtung dieser metaphysischen Formationen. Diese Fragen stellte ein gebildetes, aufstrebendes Bürgertum, das sich nicht länger von Kirche und Feudalherren bevormunden lassen wollte. Und die intellektuelle Avantgarde des Bürgertums interessierte sich auch für den Buddhismus. Um im Buddha eine mit dem Geschmack kritischer Intellektueller verträgliche Gestalt sehen zu können, musste man ihn in die Perspektive der Geschichtlichkeit stellen, und das heißt sehr vieles, was den Buddha nach asiatischer Tradition ausmacht, vernachlässigen.

Dahinter steckt ein Bedürfnis nach Sicherheit, das stärker ist als die Einsicht, dass man kaum befriedigende Daten zu einer historisch-kritischen Buddha-Biografie findet. Sehr viele westliche Darstellungen erschließen das Leben des Buddha aus den Pali-Sutren und auch aus den Jahrhunderte später entstandenen Legenden und erzählen die Geschichte so, als ob sie tatsächlich so geschehen sei. So wird das Leben des Buddha auch für die Menschen des Westens unter der Hand wieder zu einem Ereignis poetischer Einbildungskraft.

DAS BUDDHA-LEBEN

Bevor der Buddha als Siddharta Gautama geboren wird, durchlebt er viele verschiedene Leben als »Buddha im Werden«, als Bodhisattva, die man in den Legenden der *Jataka*-Literatur nachlesen kann. In diesen Vor-Leben zeichnet er sich durch gute Taten und vor allem durch

Mitleid und Freigebigkeit aus. So wird erzählt, er habe sich als Hase selbst ins Feuer gestürzt, um einem Brahmanen ein gutes Gastmahl zu schenken; auch habe er sich als Leittier eines Gazellenrudels schlachten lassen, um einem trächtigen Tier seiner Herde dieses Schicksal zu ersparen; und schließlich in seiner letzten Geburt als König habe er sogar seine Frau und die Kinder hergeschenkt. Danach war die Zeit für den Bodhisattva reif, als Buddha geboren zu werden.

Seine Mutter Maya soll im Traum einen weißen Elefanten erblickt haben, der ihr beiwohnte. So erzählt das *Lalitavistara* (2. Jh. v.u.Z.–2. Jh. n.u.Z.). Maya habe den Traum deuten lassen und erfahren, dass der Sohn, den sie gebären sollte, entweder ein Universalherrscher oder ein Buddha würde.

Geboren wird der Buddha in einem kleinen Wäldchen bei Lumbini, indem er aus der rechten Seite seiner Mutter heraustritt. Indra und Brahma, die beiden zu jener Zeit wichtigsten Hindu-Götter, erscheinen und nehmen das Kind ehrerbietig entgegen. Sofort tut der werdende Buddha sieben Schritte in jede Himmelsrichtung, um seinen Herrschaftsanspruch als Universalherrscher und Buddha festzustellen. Sieben Tage nach der Geburt stirbt die Mutter Maya, und ihre jüngere Schwester wird die Ziehmutter des Kindes.

Siddharta Gautama stammt, so kann man in den Sutren des Pali-Kanon lesen, aus der Kaste der Krieger. Sein Vater ist ein Raja, ein gewählter Stadtfürst, der dem Rat der Ältesten in Kapilavastu vorsteht. Diese Stadt – nach heutigen Maßstäben wohl eher ein Dorf aus Holzbauten und Lehmhütten, so wie man das noch heute in ländlichen Gebieten Indiens sehen kann – bildet das Zentrum der kleinen oligarchischen Republik der Sakya; und diese wiederum gehört zusammen mit anderen Stadtrepubliken und -monarchien zu dem Königreich Kosala.

Aufgewachsen ist der junge Siddharta in einem gut situierten Haus, in dem selbst die Diener gut behandelt werden – sie bekommen nicht Reissuppe und Bruchreis, sondern vollkörnigen Reis und sogar Fleisch, wie es heißt. Das mehrstöckige Haus ist vermutlich aus Ziegeln gebaut, und in der Nähe ist ein kleiner Teich mit Lotosblüten.

Der junge Siddharta wird von einer Amme betreut und trägt Stoffe aus Benares, bis heute eine Besonderheit. Er ist »verwöhnt, äußerst verwöhnt«, wie er selbst sagt.[13] Er wird wohl in allen Sport- und Kriegskünsten unterwiesen, die ein Adeliger beherrschen musste. Lesen und Schreiben lernt er nicht, da es damals in dieser Gegend keine Schrift gibt. Der Umstand, dass Menschen altern, krank werden und sterben, bewegt den jungen Mann schon früh, erzählt die Legende.

Abgeschirmt von der Welt in einem luxuriösen Palast heiratet er die Sakya-Frau Gopa oder Yasodhara (die Namen variieren) und wird Vater eines Sohnes namens Rahula (wörtlich »Fessel«). Nach einer Ausfahrt aus der geschützten Welt des Palastes, bei der er einen Alten, einen Kranken, einen Toten und schließlich einen Mönch sieht, beschließt Siddharta, der Welt zu entsagen. Heimlich verlässt er um Mitternacht den Palast. Beim Hinausgehen durchschreitet er die Halle, in der die Tänzerinnen und Musikantinnen schlafen, die sonst das Leben im Palast lustvoll und angenehm machen. Die Schlafenden aber sind vollkommen reizlos, hässlich und erscheinen dem jungen Mann wie Tote auf einem Leichenacker.

Er wird Asket, *sramana* (skr.). So nannte man die Männer, die damals in großen Scharen aus den Städten in die Einsamkeit der Wälder gingen bzw. sich Asketengruppen anschlossen. Der junge Siddharta beschließt, diesen Weg einzuschlagen, um den »unvergleichlichen Frieden zu suchen«.

Er schließt sich zunächst einer Gruppe um einen gewissen Alara Kalama an, der »Nichtheit« und »Achtsamkeit« lehrt. Binnen kurzem hat er erfasst, was auf diesem Weg zu erkennen ist, lehnt aber die Einladung, gemeinsam mit Alara Kalama die Gruppe zu leiten, ab, da ihn das, was er auf diesem Weg eingesehen hat, nicht zufrieden stellt. Genauso geht es mit der zweiten Gruppe unter Udaka Ramaputta. Auch hier erfasst er rasch, worauf die Lehre zielt, und als Udaka ihm daraufhin die Leitung der Schule anbietet, lehnt er wiederum ab – den Frieden, den er sucht, hat er nicht gefunden.

Unter den Wanderasketen gibt es solche, die sehr extreme Praktiken verfolgen – etwa sich selbst zu verstümmeln oder stundenlang im Wasser zu stehen oder mit dem Kopf nach unten vom Baum zu hängen. Siddharta wählt die Variante des Nahrungsentzugs. Sein Extremismus zieht Bewunderer an, fünf Asketen, die mit ihm gehen wollen; gleichzeitig führt ihn sein Extremismus aber an den Rand der Existenz. Nach einer Weile ist er nur noch Haut und Knochen.

> »Wie an einem verfallenen Haus die Dachsparren freiliegen und sichtbar sind, so lagen meine Rippen frei und sichtbar, und wie in einem tiefen Brunnen der Wasserspiegel tief unten schimmert, so schimmerten in meinen Augenhöhlen meine Augensterne tief unten ... Wollte ich meine Bauchdecke fühlen, berührte ich mein Rückgrat, denn Bauch und Rückgrat waren durch meine äußerst geringe Nahrungsaufnahme nahe aneinander gekommen. Beim Entleeren von Stuhl oder Harn stürzte ich vor Schwäche vornüber, und wenn ich mir die Glieder mit der Hand rieb, fielen mir die an der Wurzel verrotteten Haare aus.«[9]

Doch auch die »schmerzhaften, brennenden, schneidenden Gefühle« bringen nicht den ersehnten Frieden. Schließlich entsinnt sich Siddharta einer Situation, die er als Kind erlebt hat. Er saß unter einem Rosenapfelbaum, sein Vater pflügte das Feld und plötzlich trat er in einen Zustand tiefer Ruhe ein. Diese Erfahrung scheint eine Art Vorgeschmack dessen zu sein, was er sucht. Siddharta beginnt wieder, Nahrung zu sich zu nehmen – eine Schale Milchreis pro Tag –, und setzt sich unter einen Baum zur Meditation. Die fünf Asketen, die ihm bewundernd gefolgt sind, kehren sich wegen seiner »Verweichlichung« von ihm ab.

Siddharta beginnt nun, Herz und Geist (Skr. *citta*) »gesammelt und geläutert, ... makellos, der Verunreinigungen ledig, sanft, gefügig, fest und ohne Wanken«[10]

zu machen, und stützt sich dabei auf die Praktiken, die er bei seinen beiden ersten Lehrern gelernt hat.

Immer tiefere Ruhe und Gelassenheit breitet sich aus. Spätere Überlieferung hat daraus die *vier Versenkungsstufen* gemacht: Auf der ersten hört sinnliche Lust und Unlust auf, ein besinnliches Nachdenken setzt ein und ein Gefühl des Losgelöstseins – und daraus entstehen Freude und Wohlbefinden. Auf der zweiten Stufe hören Nachdenken und Erwägen auf, es entstehen Geistesruhe und Konzentration und daraus entstehen Freude und Wohlbefinden. Auf der dritten Stufe verschwinden die Affekte, Gleichmut und körperliches Wohlbefinden entstehen; und auf der vierten Stufe hört alles Wohlfühlen oder Leiden auf, es entstehen Gleichmut, Achtsamkeit und Reinheit.

Diese schematische Darstellung sagt nichts über die Schwierigkeiten und Hindernisse aus, die auf diesem Weg auftreten können. Sie erscheinen sehr realistisch und zugleich symbolisch in der Geschichte von der Versuchung durch Mara, einer dämonischen Figur des hinduistischen Pantheons. Mara sucht Menschen im Reich von Sinnlichkeit und Begehren festzuhalten, und das ist genau jener Bereich, den Siddharta verlassen möchte.

Siddharta soll ein konventionelleres spirituelles Leben führen, schlägt der Versucher vor: Opfer bringen, um im nächsten Leben eine bessere Wiedergeburt zu erhalten. Siddharta weigert sich, und daraufhin tritt die Armee des Mara auf – personifizierte Lüste, Sehnsüchte, Ängste usw. Da auch dies nichts fruchtet, macht Mara Siddharta das Recht auf eine eigenständige spirituelle Existenz streitig. Schließlich ruft Siddharta die Erde zur Zeugin an, dass er zu Recht hier sitzt. In einem Erdbeben erscheint die Erdgöttin zusammen mit einer Wasserflut, die Siddhartas frühere guten Taten symbolisiert. Daraufhin flieht Mara. Dieser Sieg über das personifizierte Böse wird in der buddhistischen Tradition von zahllosen Bildern gefeiert, die den Buddha zeigen, wie er die Erde berührt.

Die Sutren erzählen, dass Siddharta, unter dem Bodhi-Baum sitzend, in einer Vollmondnacht in tiefe Versenkung kommt und im Laufe der Nacht das »dreifache

Wissen« erwirbt: das Wissen um frühere Leben, das Wissen um die Wiedergeburt anderer entsprechend ihren karmischen Bedingungen und das Wissen um die »Vernichtung der Einflüsse« von Gier, Hass und Unwissenheit, wodurch Befreiung erlangt wird.

Die letzte Nachtwache, als bereits der Morgenstern am Horizont erscheint, bringt dem Sucher die ersehnte Befreiung: »Indem ich dies einsah, wurde mein Geist von den Einflüssen Lust, Daseinsbegierde und Unwissenheit befreit. Das Wissen ging mir auf: Vernichtet ist die Wiedergeburt, verwirklicht habe ich das heilige Leben, was zu tun war, ist getan, diese Art von Leben gibt es nicht mehr für mich.«[11]

Nach dieser Einsicht bleibt der nun Erwachte, zum *Buddha* Gewordene, noch drei oder vier Wochen in der Nähe des Bodhibaums, »die Wonnen der Befreiung genießend«. Einmal flüchtet der Buddha, überrascht von einem Monsun-Gewitter, unter einen Baum, in dessen Wurzeln eine Kobra wohnt. Sie richtet sich auf, spreizt ihre Halshaut und schützt den Buddha vor Nässe. In buddhistischen Bildwerken wird diese Geschichte als »Buddha auf dem Schlangenthron« wiedergegeben.

Aus der wohligen Zurückgezogenheit in die »Wonnen der Befreiung« holt ihn eine Begegnung mit dem Gott Brahma heraus. Der Gott, der extra wegen des Buddha seinen Wohnsitz im Himalaya verlassen hat, fordert ihn auf, die Menschen den Weg zur Befreiung zu lehren, denn: »Es gibt Wesen, deren Augen kaum mit Staub bedeckt sind; wenn sie die Lehre nicht hören, sind sie verloren. Wenn sie aber die Lehre vernehmen, werden sie zur Erlösung gelangen.«[12]

Also macht sich der Buddha auf, um zunächst den fünf Kameraden aus der Zeit als Asket die Lehre (den *Dharma*) zu bringen. Er trifft sie in Sarnath in der Nähe von Benares und hält vor ihnen die erste Lehrrede über die Vier Edlen Wahrheiten, den Achtfachen Pfad und das Ende des Leidens. Die fünf Asketen sehen die Lehre ein, nehmen Zuflucht zum Buddha, werden damit die ersten Mönche, und so beginnt der buddhistische Orden, der *Sangha.*

In den vier Jahrzehnten bis zu seinem Tod im achtzigsten Lebensjahr werden Lehre und Orden schrittweise ausgestaltet und verbreitet. Der Buddha findet sehr rasch Unterstützung bei regionalen Königreichen. Die beiden Könige Bimbisara und Pasenadi nehmen als »Laienbekenner« Zuflucht zum Buddha und bieten dem rasch wachsenden Mönchsorden und später auch dem Nonnenorden eine materielle Basis. Im Gebiet der beiden Könige sind die Wandermönche des Buddha willkommen, sie erhalten Almosen in Form von Speisen, Plätze, an denen sie die Regenzeit verbringen können, und stabilisieren dafür durch ihre Belehrungen der Untertanen der Könige die öffentliche Ordnung – eine Kooperation zwischen staatlicher Macht und buddhistischem Klerus, die sich in allen buddhistischen Traditionen durchhält. Unterstützt werden sie auch von reichen Laienbekennern und -bekennerinnen, die ihnen ihre Parks zur Verfügung stellen und sie einladen, um Belehrungen im Dharma zu erhalten.

Belehrungen gibt der Buddha ohne Unterscheidung: Handwerkern und Königen, Kurtisanen und Hausfrauen, Kaufleuten, Brahmanen, Dienern oder Asketen. Wenn nötig und für das Verständnis der Zuhörerschaft förderlich, tut er auch Wunder, etwa indem er sich in die Luft erhebt und aus verschiedenen Stellen seines Körpers Wasser und Feuer hervorbringt. Gelegentlich entwickelt er für seine Anhänger auch heilende Kräfte, z.B. um eine lange und schwierige Geburt zu einem guten Ende zu bringen oder eine Wunde narbenlos heilen zu lassen. Doch er lehnte das Zurschaustellen solcher Kräfte ab.

Am Ende seines Lebens als Wandermönch stirbt der Buddha in dem Dorf Kusinagara an einem verdorbenen oder auch giftigen Fleisch- oder Pilzgericht. Er ernennt keinen seiner Mönche zum Nachfolger, sondern sagt: »Seid euch selbst eine Insel, euch selbst eine Zuflucht, sucht keine andere Zuflucht; nehmt die Lehre als Insel, die Lehre als Zuflucht, nehmt keine andere Zuflucht.« Nicht eine konkrete Person, sondern die Lehre des *Buddha*, der *Dharma*, soll künftig der Führer und Leiter des *Sangha* sein.

Der Leichnam des Buddha wird nach hinduistischem Brauch verbrannt und die Knochen- und Aschenreste zunächst in einer Urne im Dorfgebiet von Kusinagara vergraben. Doch nachdem sich die Kunde vom Tod des Buddha verbreitet hat, erheben zehn Fürsten und Stämme der Gegend Anspruch auf seine Reliquien. Gemäß alter Tradition garantieren diese Reliquien die Präsenz des Heiligen nach seinem Tod. Nach anfänglichem Streit erhalten alle Anwärter einen Teil der Reliquien, seien es Knochen oder auch Asche. Darum und darüber werden bald Stupas gebaut, wie der Buddha dies gesagt haben soll. Denn wie der Leichnam eines *Cakravartin*, eines Weltenherrschers, soll der Leichnam des *Tathagatha* behandelt werden.

DER ÜBERWELTLICHE BUDDHA

Wie es heißt, soll der indische König Ashoka, der im 3. Jahrhundert v.u.Z. den Buddhismus zur Staatsreligion in seinem Reich erklärte, nach seiner Bekehrung zum Buddhismus sieben – oder acht – der damals existierenden Stupas geöffnet und deren Inhalt auf 84 000 Stupas in seinem Reich verteilt haben. Dies ist sicher eine symbolische Zahl, doch sie spiegelt die Bedeutung der Stupas als Orte der Verehrung wider.

DER STUPA

Ein Stupa ist kein Denkmal, sondern ein Kultobjekt, das den Buddha als den Vollkommen-Erwachten präsentiert – eine nicht-bildhafte Darstellung des Nirvana. Im Inneren eines Stupa befindet sich eine Reliquie – zunächst waren das Reliquien des Buddha, später aber auch heilige Texte, Abschriften der Sutren. In einen Stupa kann man nicht hinein-, sondern nur herumgehen, und zwar rechtsläufig, dem Lauf der Sonne entsprechend. Der kreisförmige Umriss des Stupa symbolisiert das »Rad der Lehre«; der Pfeiler im Mittelpunkt steht für die Weltachse. Wer einen Stupa umschreitet, tritt »in den Strom ein« – die Metapher für ein erstes Verstehen des Dharma; der Weg beginnt auf ebener Erde, führt aber dann auf eine zweite, höhere Ebene, auf der der Stupa noch einmal umrundet wird – ein Bild für die spirituelle Vertiefung des Verständnisses des *Dharma*.

Ein Stupa steht für die Präsenz des Buddha – aber was geschieht mit einem Vollerwachten nach seinem »völligen Verlöschen«, also dem Tod? Existiert ein *Tathagatha*, also einer, der nicht mehr der Wiedergeburt unterliegt, nach dem Tod oder nicht? Diese Frage hat der Buddha mit Schweigen beantwortet; ebenso wie drei andere Fragen, nämlich, ob die Welt endlich oder unendlich sei, ewig oder vergänglich, ob die Seele identisch mit dem Körper sei oder nicht, oder ob in allen vier Fällen beides oder keines von beiden zuträfe.

Auf die Frage seiner Schüler, was sie nach seinem Tod tun sollen, verweist der Buddha am Sterbebett auf die Lehre, den *Dharma* – das soll für seine Schüler der Wegweiser sein. Der *Dharma* ist jedoch mehr als eine Überlieferung von Worten, Sätzen und Gedanken. Denn die Lehre, der *Dharma* steht für den Buddha selbst – und umgekehrt. Im Pali-Kanon sagt der Buddha: »Wer mich sieht, sieht den *Dharma*.«[13]

Im indischen Weltbild ist es nicht unwahrscheinlich, dass es gleichzeitig oder auch hintereinander verschiedene Welten gibt und dass derselbe Buddha in diesen verschiedenen Welten erscheint. In den Buddha-Legenden wird dieses Motiv aufgegriffen: Im *Lalitavistara*, der im Mahayana am meisten geschätzten Buddha-Legende, ist Buddha Shakyamuni z.B. kein Mensch, sondern der Scheinleib des überzeitlich existierenden himmlischen Buddhas.

Aber es ist auch denkbar, dass der überzeitliche Buddha sich in dieser Welt nicht nur einmal, sondern vielfältig verkörpert. Im Mahayana- und dann auch im Vajrayana-Buddhismus findet man dazu verschiedene Theorien über die möglichen Erscheinungsformen des Buddha.

DIE DREI KÖRPER DES BUDDHA

Die bedeutendste Theorie des Mahayana-Buddhismus ist die so genannte *Trikaya*-Lehre, die Lehre von den drei Körpern des Buddha.

1. Der *dharmakaya* wird als »Körper der Lehre«, »absoluter Körper«, »Wahrheitskörper«, im Vajrayana auch

als »kosmischer Körper« übersetzt. Der *dharmakaya* hat paradoxe Eigenschaften: Er »ist ohne Dualität; d.h., es gibt bei ihm weder Bezeichnung noch Bezeichnetes; daher ist er weder existent noch nicht existent; weder identisch noch verschieden ...«[14]

2. Der *sambhogakaya* ist der »Körper des Genießens«, »Körper der Wonne« oder »der Körper des natürlichen Ergebnisses« (nämlich der Vervollkommnung des Buddha). Dieser Körper »genießt« den Dharma. In dieser Form wird der Buddha für fortgeschrittene Schüler in der Meditationsübung wahrnehmbar, z.B. als Buddha Amitabha, als der »Buddha des unermesslichen Lichtes«, dessen Bereich das Paradies *Sukhavati*, das »Glückliche Land« ist. Wer in diesem Paradies wieder geboren wird, wird die Buddhaschaft mühelos erlangen. Der so genannte »Reine-Land-Buddhismus« entfaltet diese Überlieferung zu einer eigenen, in China und Japan sehr bedeutenden Richtung.

3. Der *nirmanakaya*, der »Körper der Verwandlung«, ist die Manifestation des Buddha in der »Welt der Begierden«, wann immer Bedarf zur Verkündigung des *Dharma* besteht. Shakyamuni Buddha z.B, aber auch die Bodhisattvas sind eine Manifestation des *nirmanakaya*. Der »Körper der Verwandlung« ist ein Kunstgriff, ein »geschicktes Mittel« (*upaya*), um den Wesen zu helfen. Doch dieser Körper ist eine Manifestation der Nicht-Dualität, der Leere (*shunyata*) und hat nach menschlichen Maßstäben keine Realität: »Darum gibt es keine Reliquien des Buddha, nicht einmal so groß wie ein Senfkorn. Wenn der Erhabene nicht Körper von Fleisch und Blut ist, wie sollte es da Reliquien geben?« sagt das »Goldglanz-Sutra«.

Der Hoheitstitel »Buddha« wird in diesen Theorien als jene Dimension interpretiert, die sozusagen unter der Schmutzschicht oder dem dreckigen Lappen von Gier, Hass und Verblendung liegt. In allem, was ist, findet sich der »Keim der Buddhaschaft« – nämlich die Dimension des *dharmakaya*. Daher kann es auch so viele Buddhas geben wie Sandkörner am Ganges, wie es in einer tibetischen Redewendung heißt.[15]

BUDDHA-FAMILIEN UND BUDDHA-NATUR

Im buddhistischen Tantrismus Tibets erhält die Antwort auf die Frage »Wer ist der Buddha?« noch einmal eine neue Wendung. Der *dharmakaya* wird als »kosmischer Körper« interpretiert. Der Kosmos, so die tantristische Auffassung, besteht aus einer Vielzahl von Kräften, die aber selbst keine eigenständigen Entitäten sind, sondern leer (*shunya*) und daher gleichbedeutend mit dem *dharmakaya* sind. Ab dem 8. Jahrhundert etwa entsteht ein System von Zuordnungen, die dem Meditierenden als Weg zur Realisierung des *dharmakaya* dienen. Entsprechend den fünf Elementen der indischen Kosmologie – d.i. Erde, Wasser, Feuer, Luft, Äther – spricht man von fünf »Buddha-Familien«, zu denen je ein *Tathagatha* (auch *Jina* genannt), eine diesem Tathagatha zugeordnete weibliche Weisheit, ein kosmischer Bodhisattva und eine Reihe anderer tantrischer Gottheiten gehören. Diese fünf »Buddha-Familien« werden in Mandalaform angeordnet und dienen als Basis der Meditation.

Diese fünf »Meditationsbuddhas« sind allesamt Erscheinungsformen des *dharmakaya*. Im Mandala verkörpert der Buddha, der in der Mitte dargestellt wird – meist Vairocana oder der »Ursprungsbuddha« (Adibuddha) –, den *dharmakaya*. »Das Wesen des Buddha Vairocana ist alles: Erde, Berge, Steine, Sand, das Wasser der Bäche und Flüsse, ... alle Pflanzen und Bäume, die Lebewesen und Menschen«, heißt es in einem zentralasiatischen Text.

Das klingt nach Pantheismus, doch der *dharmakaya* – der auch als Buddha-Natur aufgefasst wird– ist keine Chiffre für ein göttliches Wesen. Daher sagt der japanische Zen-Meister Dogen: »Gras und Baum, Gebüsch und Wald sind unbeständig und also Buddha-Natur. Menschen und Dinge, Leib und Geist sind unbeständig, also Buddha-Natur. Länder und Boden, Berge und Ströme sind unbeständig, weil sie Buddha-Natur sind. Die höchste vollkommene Erleuchtung ist, weil Buddha-Natur, unbeständig. Das große Nirvana ist, weil Buddha-Natur, unbeständig.«[17]

II. DAS INDISCHE WELTBILD

In den Gesprächen zwischen den großen Religionen zeigt sich heute, dass sich die Vorstellungen, wie ein Erlöster oder Befreiter leben soll, in den verschiedenen Traditionen recht ähnlich sind. Vielleicht entspricht das einer den Menschen gemeinsamen Intuition darüber, was ein gutes und gelungenes menschliches Leben ausmacht. Die Religionen unterscheiden sich aber im Detail oft sehr voneinander, und ein wichtiger Grund dafür ist das unterschiedliche Weltbild, in dem sich spirituelle Erfahrung findet und formuliert. Das indische Weltbild ist der Rahmen, in dem sich der Buddhismus ausdrückt und gestaltet.

KARMA UND VERDIENST

Seit dem Ende des Zweiten Weltkriegs glauben immer mehr Menschen in Europa und Nordamerika, dass es nach dem Tod »eine nächste Chance« in einem anderen Leben gibt. Was westliche Zeitgenossen über Wiedergeburt glauben, unterscheidet sich jedoch fundamental von dem, was man in Indien zur Zeit des Buddha glaubte.

Im vedischen Indien, einige Jahrhunderte vor der Zeit von Siddharta Gautama, herrschte der Glaube, dass die Toten in einem Jenseits leben, das am ehesten dem Walhalla der Germanen oder dem Elysium der Griechen ähnelt. Aus dieser Zeit gibt es allerdings Riten, die bis heute praktiziert werden, um das Leben eines Menschen nach dem Tod zu sichern. Durch diese Riten und die damit verbundenen Opfergaben, so lehren die Veden, die ältesten heiligen Schriften Indiens, können die Toten ein gutes Leben im Jenseits führen. Dahinter steht die Vorstellung: Wer einen Opferritus korrekt vollzieht, erwirbt dadurch »Verdienst«. Für den toten Vater kann z.B. nur der Sohn das Opfer entsprechend den vorgeschriebenen Riten darbringen. Dadurch erwirbt er »Verdienst«, kann dieses »Verdienst« aber auf seinen verstorbenen Vater übertragen, um ihm einen guten Aufenthalt im Jenseits zu sichern. Vor diesem Hintergrund der Totenrituale ist in Indien die Lehre von Karma und Wiedergeburt entstanden, vermuten Indologen. An die Stelle des Jenseits tritt allmählich die Vorstellung, die Toten würden nach einem »Zwischenhalt« neu auf der Erde geboren. Damit stellt sich die Frage, was am Menschen wieder geboren wird. Zu dieser Frage gab es im Indien der zweiten Hälfte des 1. Jahrtausends v.u.Z., also zur Zeit der Anfänge des Buddhismus, sehr unterschiedliche Meinungen.

Die materialistischen Schulen lehnen die Vorstellung einer Wiedergeburt wie überhaupt jedes Weiterleben nach dem Tod ab; die Buddhisten verteidigen zwar die Reinkarnation, lehnen aber einen festen Persönlichkeitskern ab. Die Jains – eine Religion, die zeitgleich mit dem Buddhismus aus der Sramana-Bewegung entstand –, aber auch die gesamte Hindu-Tradition gehen von einem festen Persönlichkeitskern aus, der wieder geboren wird.

Eine »Seele«, die nach den Vorstellungen westlicher Reinkarnationstheorien wieder geboren wird, nimmt

---

KARMA

Der indische Begriff Karma (Skr.) ist im weitesten Sinn die Folge einer geistigen oder körperlichen Handlung. Es ist eine Metapher, das heißt, es gibt keine allgemein verbindliche Theorie, wie »Karma« funktioniert oder wie man von dem angesammelten Karma frei wird. Das »nächste Leben« ist die Folge des Karma, der Taten des früheren Lebens. Karma bestimmt nicht alle Aspekte des Lebens, sondern vor allem: die Zugehörigkeit zu einer bestimmten Gattung – Tier oder Mensch z.B. – und zu einer bestimmten Gesellschaftsschicht und sozialen Klasse; den allgemeinen Charakter eines Menschen, die positive oder negative Grundgestimmtheit und damit die Art, wie ein Mensch die Welt wahrnimmt. Karma resultiert nach brahmanischer, vedisch-upanishadischer Tradition nicht nur aus ethisch relevanten Handlungen; es entsteht vor allem durch die Befolgung oder Nicht-Befolgung von Riten. Der Buddha dagegen richtet sich gegen jede Vorstellung von Karma als ritueller Handlung. Nach buddhistischer Sicht ist das Karma, das die nächste Geburt bestimmt, die Folge von ethisch relevanten Intentionen und Handlungen.

allerdings keine dieser Religionen an. Das »nächste Leben« ist die Folge des Karma, der Taten des früheren Lebens. Nach Auffassung der Jains und der Hindus kann man hier sogar von einer Art »Vergeltungskausalität« sprechen, denn für bestimmte Vergehen folgen bestimmte Formen der Wiedergeburt. Westliche Interpreten hat das dazu verführt, von einem »Gesetz des Karma« zu sprechen, das analog einem lückenlosen naturwissenschaftlichen Kausalitätsprinzip wirken soll. Doch Karma ist eher den Regeln einer Grammatik zu vergleichen, in der die Ausnahmen eben zur Regel gehören.[18] Und Karma determiniert auch keineswegs alle Aspekte des Lebens. Die konkreten Lebensumstände eines Menschen sind durch verschiedene Faktoren bestimmt, von denen nur manche karmisch sind. Doch welche dies sind, ist nicht so einfach herauszufinden.

In brahmanischer Sicht geht es darum, die guten und die bösen Aspekte in einem Gleichgewicht zu halten. Dem dienen Opferrituale und asketische Praktiken – auf diese Weise kann man »Verdienste« sammeln und später die Früchte seiner Anstrengungen ernten. Das Individuum wird nicht als einzelne Monade, sondern als Teil eines größeren Ganzen gesehen. Man könnte das Modell kommunizierender Gefäße[19] zum Vergleich heranziehen: Das sind Gefäße, Röhrchen z.B., die mit anderen Röhrchen an der Basis durch eine allen gemeinsame Röhre verbunden sind. Gießt man in eines der Gefäße eine Flüssigkeit, so steigt nicht nur in diesem Gefäß, sondern in allen anderen dazugehörigen Gefäßen die Flüssigkeit. Nach diesem hydraulischen Modell versteht man in der indischen Gesellschaft, der der Buddha entstammte, die Verbindung zwischen Menschen und auch zwischen Toten und Lebenden.

ERWACHEN ZUR TODLOSIGKEIT

Alle Handlungen und Intentionen eines Menschen sind entweder karmisch Heil bringend, neutral oder Unheil bringend und führen zu entsprechenden nächsten Leben. Worauf es allen indischen Traditionen ankommt, ist, *aus dieser Situation einen Ausweg zu finden*.

Und genau das sucht Siddharta Gautama, einen »Ausweg aus dem Geborenen, Gewordenen, Geschaffenen, Aufgebauten« ins »nicht Geborene, nicht Gewordene, nicht Geschaffene, nicht Aufgebaute«, also einen Ausweg aus Tod und Vergänglichkeit. Siddharta Gautama sucht nach Befreiung von der Wiedergeburt. Genauer: Er sucht nach »Todlosigkeit«, das ist wahrscheinlich die am meisten authentische Formulierung.[20] Erst später verwendet er den Ausdruck *Nibbana* (Pali) oder *Nirvana* (Sanskrit).

Todlosigkeit bedeutet ein Ende von Geborenwerden und Sterben. Das ist die Wirklichkeit, zu der der *Buddha erwacht* ist. Der »Vollerwachte« tritt aus dem Verband der kommunizierenden Gefäße aus und nimmt eine grundlegend andere Existenzform an, über die nichts mehr gesagt werden kann, da sie nicht mehr der Ordnung von Leben-Sterben-Tod-Geborenwerden-usw. unterliegt.

Das Streben nach »Todlosigkeit« ist für die buddhistische Tradition ein Streben nach Auflösung des Stromes von Handlungsfolgen, die über zwei und mehrere Leben hinweg reichen. Anstelle dessen tritt in der westlichen Vorstellung das Streben nach einem gelungenen individuellen Leben, das seine persönliche Fortsetzung nach dem Tod finden soll. Der Buddhismus wurde zu einer Zeit in Europa bekannt, als der Glaube an die Auferstehung der Toten als Folge der Religionskritik der Aufklärung immer mehr an Überzeugungskraft verlor. Damit entsteht in der Lebensperspektive ein Vakuum: Was geschieht nach dem Tod? Dieses Vakuum kann die Lehre von der Wiedergeburt ausfüllen. Für Menschen aus den modernen Industriegesellschaften geht es nicht wie im brahmanischen Indien um einen Zusammenhang zwischen Generationen oder auch Lebensformen. Es geht um die eigene, individuelle Zukunft nach dem Tod und um die Bewahrung der persönlichen Integrität angesichts des zersetzenden Schreckens des Endes. Daher zeigt sich in westlichen Theorien von Karma und Wiedergeburt ein starkes Interesse an der Wiedergeburt aufgrund der von den eigenen vergangenen Taten initiierten Kausalität.

Die meisten, die an Wiedergeburt glauben, gehen von der Existenz eines verfügbaren Gedächtnisses an die eigenen vergangenen Taten aus, das es nur zu aktivieren gelte. Erfahrungen etwa aus Rückführungen und psychedelische Erfahrungen spielen dabei eine Rolle, ebenso Berichte über Nahtoderfahrungen und Fälle so genannter Rückerinnerungen an frühere Leben.[21]

Für all diese Fälle gäbe es z.B. andere Erklärungsmodelle aus der Psychoanalyse oder der Parapsychologie. Doch das Motiv bestimmt die Auswahl des Modells, das zur Erklärung herangezogen wird. Weil der Glaube an eine leibhaftige Auferstehung von den Toten nicht mehr plausibel ist, sucht man nach einer anderen Strategie der Todesbewältigung und findet sie in der Lehre von der Wiedergeburt. Damit bleibt man jedoch in der Immanenz gefangen, im Kreislauf der Leben, aus dem Gautama Buddha den Ausweg gefunden hat – das *Erwachen*.

DAS RAD DER WIEDERGEBURTEN: BUDDHISTISCHE KOSMOLOGIE

Die Wirkung des Karma erstreckt sich auf alles, was in der Zeit ist. Kala, der Gott der Zeit, hält die »sechs Reiche der Wiedergeburt« in seinen Klauen. Die Welt der Menschen ist demnach nicht die einzige Welt, in der ein Wesen wieder geboren werden kann. Eine Geburt als Mensch ist jedoch sehr erstrebenswert, weil der Ausstieg aus dem Kreislauf der Wiedergeburten nur als Mensch gelingen kann. Wenig erstrebenswert dagegen ist die Wiedergeburt als Tier, da Tiere von anderen Tieren gejagt und von Menschen schlecht behandelt werden; und noch weniger erstrebenswert ist ein Leben in einer der vier kalten oder vier heißen Höllen.

Die Qualen, die man in diesen Höllen erleidet, entsprechen den Höllenbildern des Christentums. Auch die Existenzform als *preta*, als »Geist«, ist nicht angenehm, da diese »hungrigen Geister« von Begierden verzehrt werden und nie zufrieden sein können. Die *asura* sind Titanen oder Geister, die durch Machtgier und Streitlust angetrieben werden. Die Götter (*deva*) schließlich führen aufgrund karmischer Verdienste ein gutes Leben, das sehr lange anhält, aber doch begrenzt ist. Denn irgendwann sind die »karmischen Verdienste« aufgebraucht, das Leben in der Welt der Götter ist zu Ende, und eine neue Wiedergeburt in einem anderen Daseinsbereich steht bevor.

Neben diesen »sechs Welten« gibt es eine weitere Einteilung der Welt in eine dreiteilige vertikale Ordnung. Der unterste Bereich ist die »Sphäre der sinnlichen Begierden«. Dazu gehören die bereits erwähnten sechs Welten und sechs weitere, von niederen Göttern bewohnte Welten. In der sechsten und obersten dieser Götterwelten wohnt Mara, der Versucher. Danach kommt die »Sphäre der reinen Form«, Abstufungen einer geistigen Welt, die von höheren Göttern bewohnt wird. In dieser Region befindet sich der *Tushita*-Himmel, aus dem der Buddha zur Erde kam und in dem auch der zukünftige Buddha Maitreya wohnt. In dieser Region, in der die Lebensspannen unvorstellbar lang sind, »zwischen 16 000 Äonen bis zu einem Drittel Äon«, halten sich auch die vedischen Götter auf, Brahma, Indra usw.

Dann kommt die »Sphäre der Gestaltlosigkeit«, in der Wesen nur noch als sozusagen »geistige Energien« existieren. Die Wesen auf der untersten Stufe dieser Sphäre nehmen die Welt als unendlichen Raum wahr, auf der zweiten, nächsthöheren als endloses Bewusstsein, auf der dritten als »Nicht-Existenz« und auf der vierten gibt es weder Wahrnehmung noch Nicht-Wahrnehmung. Dies ist die höchste Stufe, auf der ein Wesen geboren werden kann. Diese vier Stufen in der Sphäre der Gestaltlosigkeit korrelieren mit den »vier Stufen der Versenkung«, also meditativen Erfahrungen, von denen in den Sutren gesprochen wird.

Insgesamt kann man 31 Stockwerke in diesem Kosmos zählen. Die reichhaltige Kosmologie ist für westliche Ohren verwirrend und wird in Darstellungen des

Buddhismus häufig ausgeblendet – besteht doch die Annahme, dass der Buddhismus eine Religion sei, die den naturwissenschaftlichen Erkenntnissen der Moderne nicht widerspricht. So weisen manche Buddhisten darauf hin, dass der Buddhismus moderne wissenschaftliche Erkenntnisse vorweggenommen habe, da die buddhistische Tradition davon ausgeht, dass nicht nur Lebewesen endlich sind, sondern auch Welten und Weltsysteme.

Dies scheint oberflächlich der modernen Kosmologie zu entsprechen. Doch folgt man den Erzählungen, merkt man rasch: Es sind mythische Bilder, die zum indischen Weltbild gehören, das die Basis der buddhistischen Tradition »formatiert« hat. Welten entstehen, bleiben für eine Weile bestehen, vergehen dann und ruhen vor dem nächsten Zyklus des Entstehens und Vergehens. Jede dieser Phasen dauert einen »unabschätzbaren Äon«, und alle zusammen dauern »einen großen Äon«. Ein mythisches Bild gibt Auskunft über die Dauer dieser Äonen: Angenommen, es gibt einen sieben Meilen hohen Berg aus solidem Granit und alle hundert Jahre streift ein feines Stück Tuch über die Oberfläche dieses Berges, dann ist der Berg abgetragen, bevor ein »großer Äon« zu Ende ist. In diesem Entstehen und Vergehen von Welten sind nicht nur die Menschen, sondern alle Wesen mit einbezogen, auch die Götter, die nach buddhistischer Vorstellung auch eine Art von Lebewesen darstellen.

Ein Weltsystem hängt an einem bestimmten Himmel, heißt es z.B. im Aggana-Sutra. Wenn diese Welt zu Ende kommt, werden die Lebewesen darin als »strahlende Götter« in einem der oberen Himmel (der der zweiten Stufe der Versenkung entspricht) wieder geboren; aus diesem steigen sie wieder ab und werden z.B. als Gott Brahma in einem der niederen Himmel geboren. Da der Gott sich einsam fühlt, entsteht auf seinen Wunsch hin eine Welt, in der andere »strahlende Götter« als Minister usw. wieder geboren werden. In einem anderen Sutra heißt es, wenn eine neue Welt entsteht, dann schweben die »strahlenden Götter« über dem dunklen Wasser, das am Anfang da ist. Allmählich verfestigt sich die Erde und eines der Götterwesen wird gierig nach der Erde. Das imitieren die anderen Götter, wodurch sie schließlich ihre leuchtende Erscheinung verlieren und sich in zwei Geschlechter ausdifferenzieren. Obwohl es genug Nahrung für alle gibt, beginnen sie, weiter von Gier getrieben, Privateigentum zu haben. Dies wieder führt zu Diebstahl, Lüge und Gewalt. Deswegen wählen sie einen König, um Ordnung zu haben. Doch der allgemeine Verfall geht weiter, am Ende haben die Menschen ein sehr kurzes Leben und die Erde ist verwüstet; und schließlich geht diese Welt unter.

Dies ist ein kleiner Ausschnitt aus dem Zyklus des Entstehens und Vergehens von Welten, von dem die buddhistische Kosmologie erzählt. Insgesamt ist diese ganze Bewegung nicht eine Geschichte des Fortschritts, sondern des Verfalls. Bereits der Pali-Kanon lässt den Buddha sagen, dass seine Lehre nach 500 Jahren verwässert sein werde. Wenn der Zustand der Menschen sich völlig verschlechtert habe, würden eines Tages selbst die Sutrenmanuskripte plötzlich verschwinden. Niemand könne dann mehr zum Erwachen kommen. Erst wenn Maitreya, der Buddha des nächsten Weltzeitalters, käme, würde die Lehre vom Erwachen wieder verkündet werden.

Diese Vorstellung, dass die Welt sich in ihrem spirituellen Zustand immer mehr verschlechtert, teilt der Buddhismus mit der hinduistischen Tradition. Der Niedergang ist vor allem ein spiritueller; und weil die Menschen im Zeitalter des Niedergangs, japanisch *mappo*, immer weniger fähig sind, zum Erwachen zu kommen, braucht man neue, einfachere Methoden. Mit dieser Begründung entstehen um das 12. Jahrhundert herum neue buddhistische Schulen, wie etwa die Nichiren-Schule in Japan. Auch der Zen-Buddhismus wird in Japan aus China eingeführt als eine für *mappo*, das Zeitalter des Niedergangs, geeignete Praxis. In den Theravada-Ländern heißt es manchmal, dass heutige Menschen gar nicht zum Erwachen kommen können und sich daher nur auf das Erlangen einer besseren Wiedergeburt konzentrieren sollen. Der Fortschrittsoptimismus, den z.B. der amerikanische Schriftsteller Ken Wilber ohne weitere Bedenken mit traditionellen buddhistischen und hinduistischen Theorien verbindet, hat in den Ursprungsländern dieser Religionen wenig Raum. Im Buddhismus spricht man zwar von Fortschritten in der persönlichen Entwicklung, aber nicht von Fortschritt als einer allgemeinen Entwicklung des gegenwärtigen Weltzustands hin zu einer besseren Welt.

Mit den Vorstellungen moderner westlicher Menschen ist die mythologische Welt der indischen bzw. buddhistischen Kosmologie ohnedies schwer vereinbar. Die subtilen Landkarten von Welten über Welten, die die buddhistische Überlieferung zeichnet, mögen zwar für Romane wie Doris Lessings Tetralogie »Canopus in Argos« Anregungen liefern. Aber für das Alltagsbewusstsein der Mehrzahl der Bewohner der Industrieländer ist eine buchstäbliche Existenz von hungrigen Geistern, streitenden Titanen, Höllenbewohnern oder glückseligen Göttern nicht akzeptabel. Buddhistische Lehrer im Westen greifen daher gelegentlich zu psychologischen Interpretationen für die »sechs Welten«. Es heißt dann, das man ein Leben führt wie in der Hölle, wie ein hungriger Geist etc. Manche alten Zen-Texte betonen allerdings auch, dass die »sechs Welten« sich je nach Geisteszustand eines Menschen Augenblick für Augenblick manifestieren – wenn jemand gierig ist, wird er augenblicklich zum »hungrigen Geist« usw.

In der traditionellen buddhistischen Welt gilt eine derartige »entmythologisierende« Interpretation aber meist als gravierender Fehler, und wer nicht an die Wiedergeburt glaubt, zieht sich dadurch, so wird oft gesagt, schrecklich schlechtes Karma zu. In Burma, so berichtet ein Kenner der Verhältnisse, gab es vor einigen Jahren einen öffentlichen Prozess gegen einige Mönche,[22] die die »sechs Welten« als Mythologie sehen wollten. Die Mönche wurden verurteilt und aus dem Orden ausgeschlossen.

IV. DHARMA

DIE VIER EDLEN WAHRHEITEN

Weitläufige Ruinenfelder aus rotbraunen Ziegelmauern mit grünen Wiesen dazwischen und einem kleinen Wäldchen daneben, in dem Rehe gehegt werden, das ist Sarnath, eine Oase der Stille. Hier standen einst riesige Klosteranlagen, deren Grundmauern man in den letzten hundert Jahren wieder ausgegraben hat. Im Zentrum dieser Anlage findet man die Reste einer großen Buddha-Statue. Vereinzelte Blattgoldblättchen auf dem rauen Stein des Torsos, Blumenopfer, Kerzen und Räucherstäbchen zeugen von der Bedeutung, die dieser Ort bis heute für Buddhisten hat. Hier soll der Tradition nach die erste Lehrrede, das »erste Andrehen des Rades«, stattgefunden haben, und in den Jahrzehnten danach soll der Buddha hier immer wieder während der Regenzeit viel Zeit verbracht haben. In dieser ersten Predigt verkündet er, so sagt es die Überlieferung, seinen ehemaligen Asketen-Gefährten, wie man dem karmischen Kreislauf zu entrinnen vermag. Die wichtigste Formel dieser Predigt enthält die so genannten »Vier Edlen Wahrheiten«. In ihnen wird das Grundmuster der buddhistischen Lehre zusammengefasst, und sie sind der kleinste gemeinsame Nenner, auf den sich die verschiedenen Gruppen und Schulen innerhalb der buddhistischen Tradition einigen können.

Nach brahmanischer Vorstellung bestimmt Karma, also die Folge von geistigen und körperlichen Handlungen und vor allem der Einhaltung von rituellen Vorschriften, den Kreislauf der Wiedergeburten. Daraus ausscheiden kann man nur, wenn man die wahre Wirklichkeit der Welt erkennt, dass nämlich der Mikrokosmos Mensch in seinem Wesen (*atman*) nichts anderes ist als das Wesen des Makrokosmos (*brahman*). Wer dies erkennt, so liest man in den Upanishaden, der ist vom Zwang der Wiedergeburt erlöst und Teil der Dimension des Unwandelbaren, Göttlichen, der »Fülle«.

Dieses Grundschema – einerseits die sich wandelnde, vergängliche Welt und andererseits das Zeitlose, Unwandelbare – bestimmt auch die Lehre des Buddha. Doch er interpretiert dieses überkommene indische Weltbild anders.

Erstens lehnt er die Vorstellung, dass Rituale ethische und daher karmisch relevante Wirkungen haben, ab. Nicht das unpersönliche Ritual, das jemand vollzieht, sondern die persönliche Absicht erzeugt Karma. »Durch Absicht erzeugt einer Karma durch Körper, Worte oder Gedanken.«[23] Doch das allein reicht nicht aus, lehrt der Buddha. Neben der rechten Absicht braucht es die rechte Einsicht.

Denn Erkenntnis befreit von Wiedergeburt; in diesem Punkt stimmen der Buddha und die brahmanische Tradition überein. Aber – und das ist der zweite gravierende Unterschied zwischen der Lehre des Buddha und der brahmanischen Tradition – das, was erkannt wird, was »auf der anderen Seite«, am »jenseitigen Ufer« ist, kann bestenfalls in negativen Begriffen ausgedrückt werden. In buddhistischen Texten ist daher nicht vom »Unvergänglichen« oder der »Fülle« die Rede, sondern es werden meist negative Ausdrücke für das letzte Ziel der spirituellen Reise verwendet.

Keine andere der großen Schriftreligionen ist in diesem Punkt so radikal, und das hat zu vielen Missverständnissen geführt, vor allem in neuerer Zeit bei westlichen Philosophen und Theologen. Es geht hier aber nicht um eine theoretische Debatte, sondern um die Frage: Was bringt Erlösung, wie kann sich ein Mensch vom Kreislauf der Wiedergeburten befreien. Auch die philosophischen Diskurse der buddhistischen Tradition, von denen es eine große Fülle gibt, haben ihren Brennpunkt in der Suche nach Erwachen und Befreiung – also in der Praxis.

Der Schlüssel zum Ausweg aus dem karmischen Kreislauf liegt nach buddhistischer Ansicht darin, die Produktion von Karma zu stoppen. Denn nicht nur unheilsames Karma, sondern auch heilsames Karma treibt den Zyklus des Geborenwerdens-und-Sterbens weiter. Allerdings kann heilsames Karma zu einer günstigeren Geburt verhelfen, in der es leichter wird, den Ausweg aus dem Kreislauf zu finden.

DIE VIER EDLEN WAHRHEITEN

Die erste der Edlen Wahrheiten spricht von *dukkha* (Pali; Sanskrit: *duhkha*), dem leidvollen Ungenügen, im Daseinskreislauf immer wieder geboren zu werden und zu sterben, krank zu sein, negative und schmerzhafte Erfahrungen sowie unerfüllte Wünsche zu haben.

Die zweite Edle Wahrheit spricht vom Ursprung des Ungenügens.

Die dritte Edle Wahrheit sagt, dass das leidvolle Ungenügen aufgehoben werden kann, wenn das »Begehren« (*tanha*) aufgehoben wird.

Die vierte Edle Wahrheit zeigt, wie dieses Ziel erreicht werden kann, und zwar, indem der Edle Achtfache Pfad beschritten wird.

Die Vier Edlen Wahrheiten sind in der Sprache der Medizin der damaligen Zeit gehalten: der Buddha stellt hier als Arzt eine Diagnose über den Ursprung der karmischen Kreisläufe an und verschreibt die Arznei, die schließliche Heilung bringen kann. Die Vier Edlen Wahrheiten sind bereits von einem Standpunkt außerhalb des karmischen Kreislaufs formuliert; sie nehmen vorweg, was durch die Einsicht in diese Wahrheiten erst erreicht werden kann.

Die erste der Edlen Wahrheiten beinhaltet *dukkha*. Dieser Ausdruck wird meist mit »Leiden« übersetzt. **45**

Das geht auf den deutschen Philosophen Schopenhauer (1788–1860) zurück, der im Buddhismus eine Bestätigung seiner pessimistischen Weltsicht sah, was dazu geführt hat, dass der Buddhismus häufig als pessimistische Religion bezeichnet wird – zu Unrecht. *Dukkha* bedeutet Ungenügen – ein leidvolles Ungenügen, nämlich im Daseinskreislauf immer wieder geboren zu werden und zu sterben. Der Buddha gibt genau an, was unter *dukkha* zu verstehen ist. Erstens: »Geburt ist Leiden, Alter ist Leiden, Krankheit ist Leiden« – und das mit jedem Leben immer wieder neu. Zweitens sind *dukkha* aber auch negative und schmerzhafte Erfahrungen, »mit Unlieben vereint« und »von Lieben getrennt« zu sein. Drittens sind es unerfüllte Wünsche. Leidhaft ist auch die mangelnde Autonomie – weder der Körper noch die Gedanken, noch die Ansichten, die ein Mensch hat, sind völlig von ihm selbst bestimmbar, sondern werden z.B. durch das Milieu und die Familie bedingt. Leiden resultiert aber auch aus der Vergänglichkeit und aus allen Handlungen und Haltungen, die durch Gier, Hass und Verblendung motiviert sind. Alle diese Erfahrungen sind zunächst individuelle Probleme, doch es gibt die Vermutung, dass hinter der Formel von *dukkha* auch soziale und politische Erfahrungen stehen.

Die zweite Edle Wahrheit spricht vom Ursprung des Ungenügens. Dazu gibt es innerhalb des Pali-Kanon zwei verschiedene Überlieferungen. Leidhaftes Ungenügen ist, so die eine Quelle, bedingt durch »Durst« (Pali *tanha*) und »unheilvolle Einströmungen« (Pali *asava*). Der »Durst« entsteht in der Tätigkeit der Sinne, also im Sehen, Hören, Riechen, Schmecken, Fühlen und – als sechstem Sinn – im Denken. Sinne haben Sinnesobjekte; beim Denken sind dies die Gedanken. In der Beziehung von Sinnen und Sinnesobjekten entsteht der »Durst« – ein »Ergreifen«, das »mehr von demselben« haben möchte. Eine zweite Traditionslinie, die sich auf andere Passagen des Pali-Kanon bezieht, betont das »Nichtwissen« (Pali *avijja*, Sanskrit *avidya*) als Ursache des Leidens, also die Blindheit gegenüber dem Umstand, dass erstens alles, auch die eigene Person, vergänglich ist und zweitens alles, auch die eigene Person, abhängig von anderen Faktoren entsteht und daher »Nicht-Selbst« ist.

Die dritte Edle Wahrheit sagt, dass das leidvolle Ungenügen aufgehoben werden kann, wenn das »Begehren« (*tanha*) aufgehoben wird. Dies kann – so sagt die vierte Edle Wahrheit – dadurch geschehen, dass der Edle Achtfache Pfad beschritten wird.

Die Antwort auf das Ungenügen und Leiden, das Menschen erfahren, weil sie endliche Wesen sind, die geboren werden und sterben, und weil sie bedingt sind durch Umstände, die nicht zu ihrer Disposition stehen, ist *marga*, der Weg. Diese Metapher ist ein grundlegendes religiöses und spirituelles Bild, nicht nur in Asien, sondern auch in Europa, Afrika und den Amerikas. Das ist nicht verwunderlich, denn die Antwort auf die Tatsache, dass Menschen sterblich sind, kann nicht bloß ein Satz oder eine Aussage, sondern nur ein ganzer Lebensweg sein. Und genau das zeichnet den Edlen Achtfachen Pfad aus. Es sind Verhaltensweisen, die zusammengenommen eine Lebenshaltung und -führung ergeben, die sich an der Überwindung der Endlichkeit orientiert.

DER ACHTEFACHE PFAD

Der Achtfache Pfad besteht aus den folgenden Gliedern:

1. Rechte Ansicht	Prajna
2. Rechtes Wollen/Denken	
3. Rechte Rede	
4. Rechtes Handeln	Sila
5. Rechter Lebenserwerb/rechtes Leben	
6. Rechtes Streben	
7. Rechte Wachsamkeit	Samadhi
8. Rechte Sammlung/Konzentration	

Die acht Aspekte der Lebensführung, die der Buddha nennt, werden häufig in drei große Gruppen eingeteilt: Es geht um *sila*, sittlich angemessene Lebensführung, um *samadhi*, Sammlung des Geistes oder Versenkung, und um *prajna* (Skr., *panna*, P.), um Erkenntnis und Weisheit. Diese Aspekte beschreiben, wie ein Leben, das zum Heil führen kann, aussehen soll. *Sila, prajna und samadhi* gehören zusammen und bedingen einander. Die Fähigkeit, zu erkennen und zu unterscheiden, was richtig und heilsam oder falsch und unheilsam ist, wird unterstützt von Meditation und Versenkung; im täglichen Verhalten wird das, was als heilsam erkannt ist, verwirklicht; und dies wiederum wirkt zurück auf die Fähigkeit zu unterscheidender Erkenntnis. Damit ist ein schrittweiser Prozess der Verwandlung eingeleitet, dessen Verlauf im Theravada-Buddhismus als »Stromeintritt«, »Einmalwiederkehrender«, »Niewiederkehrender« und *Arhat* (Heiliger) beschrieben wird. Das Ziel ist Nirvana, das »Erlöschen«.

NIRVANA

Einmal wollte ein Wahrsager, der seinen Lebensunterhalt damit verdiente, dass er an Totenschädeln ablas, in welchen Bereichen die Verstorbenen wieder geboren worden seien, den Buddha übertrumpfen. Er bat den Buddha, ihm doch den Schädel eines verstorbenen Mönchs zu geben, dann werde er ihm sagen, wo sein Jünger sich jetzt aufhalte. So geschah es. Lange wendete er den Schädel hin und her, doch er konnte keinen Hinweis darauf entdecken. Irritiert gab er den Schädel zurück und sagte, er könne nichts herausfinden. Darauf erklärte der Buddha, dass dieser Mönch bereits zu Lebzeiten Nirvana erreicht habe. Es sei daher kein Wunder, dass der Totenschädelbeschauer nichts über den Aufenthaltsort des Mönchs herausfinden könne. Denn Nirvana ist, »Wo kein Ding ist, wo nichts erfaßt wird/ dort liegt die Insel ohne Jenseits, Nirvana nenn ich sie, die letzte Tilgung des Alterns und Sterbens«.[24] Daher sei es auch kein Wunder, dass der Wahrsager keine Spur des Buddha-Jüngers finden konnte.

»»Kein Ort nirgends«[25] wäre eine gute Umschreibung für Nirvana. Aber das ist nur die eine Seite. Als der kambodschanische Mönch Mahaghosananda einmal von einem christlichen Geistlichen gefragt wurde, ob die Menschen auch heute Nirvana erreichen könnten, sagte der Mönch: Nirvana ist hier und jetzt, es ist überall.«[26]

NIRVANA

Nirvana bedeutet wörtlich »Erlöschen« des »Durstes« von Gier, Hass und Verblendung. Nirvana bezeichnet einen tiefen Frieden, ein Zur-Ruhe-Kommen. Doch dieser Zustand ist in Begriffen nicht fassbar, und so bevorzugt die buddhistische Tradition negative Formulierungen: Nirvana kann nicht gesehen werden, nicht gedacht werden, es ist nicht manifest und kann nicht beschrieben werden, es ist nicht bedingt – also unbedingt und absolut.

»Das Ungeborene, nicht Alternde, nicht Verfallende, Todlose, Sorgenlose, Unbeschmutzte, die größte Sicherheit vor Fesseln – das Nirvana.«[27]

Die Schwierigkeiten, die westliche Interpreten lange Zeit mit diesem Begriff hatten, gehen auf den Philosophen Leibniz (1646–1716) zurück. Seine Kenntnis buddhistischer Lehren bezog der deutsche Universalgelehrte aus Briefen von Jesuiten-Missionaren in China. Daraus schloss er, dass die Buddhisten das Nichts in den Mittelpunkt ihrer Lehre stellen würden. Der Buddhismus sei also ein Nihilismus, folgerte er. Was Leibniz nicht bedachte: das »Nichts« der neuzeitlichen europäischen Philosophen ist nicht identisch mit dem »Nichts« der indischen oder chinesischen Denktraditionen. Für moderne Europäer ist »Nichts« vorwiegend etwas Negatives, ein Mangel, eine unangenehme Leerstelle. Für die asiatischen Traditionen dagegen ist das Nichts in seinen verschiedenen Varianten wichtig und wertvoll.

Nirvana ist kein theoretischer Begriff, so wie etwa der mathematische Begriff »Null«, der ebenfalls seinen Ursprung in Indien hat. Es ist eine sozusagen existenzielle Qualität. Wer meditiert, versteht wahrscheinlich leichter, dass Nirvana nicht ein »Aufgehen im Nichts« bedeutet, sondern tiefen Frieden und Zur-Ruhe-Kommen. Doch dieser Zustand ist in Begriffen nicht fassbar, und so bevorzugt die buddhistische Tradition negative Formulierungen. Paradoxerweise lässt sich dadurch oft genauer ausdrücken, worum es geht.

Und dann gibt es auch andere, positive Bilder: »Die Last ablegen, die Krankheit heilen, Überfluss an Nahrung, Ende der Feindschaft, Freiheit von Furcht, die (giftige) Wurzel abschneiden, das jenseitige Ufer, Nektar der Todlosigkeit, das Erlöschen des Feuers, der Untergang der Sonne. Nirvana ist tief und unauslotbar wie der Ozean, es ist ein sichere Insel im Ozean, ein Ort unwandelbaren Glücks, eine Stadt mitten im Dschungel« usw.[28]

Zusammenfassend könnte man sagen: Nirvana ist »1. ohne Tod und frei von jeder Art von Vergänglichkeit; 2. im Frieden, oder frei von allen bedrückenden Störungen seiner friedlichen Stille, frei von allem Leid; 3. sicher, oder frei von allen Bedrohungen...« von außen oder innen.[29]

Im Pali-Kanon heißt es: »Es gibt, ihr Mönche, einen Bereich, wo weder Festes noch Flüssiges ist, weder Hitze noch Bewegung, weder diese Welt noch jene Welt, weder Sonne noch Mond. Das, ihr Mönche, nenne ich weder ein Kommen, noch ein Gehen, noch ein Stillestehen, weder ein Geborenwerden noch ein Sterben. Es ist ohne jede Grundlage, ohne Entwicklung, ohne Stützpunkt: das eben ist das Ende des Leidens.«[30]

Um diesen Zustand zu erreichen, müssen die »drei Gifte« Gier, Hass und Verblendung und alle daraus stammenden Einflüsse verschwinden. Ein Leben ohne diese Leidenschaften scheint auf den ersten Blick unvorstellbar. Und doch: Manchmal überfällt einen plötzlich, oft irgendwo im Freien, ein Zustand tiefer Ruhe, ähnlich dem des jungen Siddharta unterm Rosenapfelbaum. Dies ist wie ein Vorgeschmack auf den Zustand, wenn alle Leidenschaften erloschen sind. »Sind aber Gier, Hass und Verblendung verschwunden, so sinnt man weder auf eigenen noch auf fremden Schaden, noch auf beiderseitigen Schaden, noch auf fremden Schaden, und empfindet keine geistige Qual und Trübsal«[31], stellt der Pali-Kanon lakonisch fest. Trotzdem wird ein Arhat, ein Heiliger, der Nirvana zu Lebzeiten verwirklicht hat, noch essen und trinken usw., wie es die Notwendigkeiten des Lebens verlangen. Das vollständige Nirvana (*parinirvana*) ist erst im Tod zu erreichen. Dann lösen sich die »fünf Daseinsgruppen« auf, die nach buddhistischer Auffassung einen Menschen ausmachen.

NICHT-ICH UND ABHÄNGIGES ENTSTEHEN

In den ägyptischen Totenbüchern liest man immer wieder genaue Anweisungen für die Verstorbenen, wie sie sich im Jenseits zu bewegen haben. Der Glaube, dass es eine Art immaterielles Doppel des Körpers gibt, das den Menschen eigentlich ausmacht und das im Tod erhalten bleibt und weiterlebt, ist aus der Religion Ägyptens über Griechenland und da vor allem über die Philosophie Platons nach Europa gekommen. Die »unsterbliche Seele«, von der in den Katechismen immer die Rede war, gehört – obwohl davon nichts in der Bibel steht und ihre Existenz auch kein Dogma ist – bis heute zum populären Grundbestandteil abendländischen Selbstverständnisses. Auf den ersten Blick formuliert der Buddha-Dharma das genaue Gegenteil dazu. Denn der Buddhismus vertritt in allen seinen Schulen eine »Nicht-Ich-Lehre«; das heißt, dass es keine feste Substanz Ich gibt, sondern nur ein Agglomerat von Körperlichem, von Empfindungen, Wahrnehmungen,

---

NICHT-ICH

Der Begriff des »Nicht-Ich« meint im Wesentlichen »Selbstlosigkeit«. Die »Nicht-Ich-Lehre« besagt, dass es keine feste Substanz »Ich« gibt, sondern nur ein Agglomerat von KÖRPERLICHEM, von EMPFINDUNGEN, WAHRNEHMUNGEN, GESTALTUNGSIMPULSEN und DENKVORGÄNGEN, die einen Menschen ausmachen – die »Gruppen des Ergreifens« (P. *khanda*, Skr. *skandha*) oder »Daseinsfaktoren«.

Die »Nicht-Ich-Lehre« fordert auf, das Herz an nichts zu hängen, auch nicht an sich selbst und die eigene Geschichte, wenn man zu der Erfahrung der Befreiung kommen möchte.

Gestaltungsimpulsen und Denkvorgängen, die einen Menschen ausmachen, die »Gruppen des Ergreifens« (P. *khanda*, Skr. *skandha*).

Es scheint plausibel, dass der Ursprung der Nicht-Ich-Lehre in den Erfahrungen der Meditationspraxis liegt – in der Achtsamkeit, die Augenblick für Augenblick den Prozessen folgt, die das Leben ausmachen. Eine unangenehme Empfindung kann plötzlich in eine angenehme umschlagen, an die Stelle der Wahrnehmung des eingeschlafenen Beines kann plötzlich die Wahrnehmung eines leichten Juckens am Nasenflügel treten; der Impuls, dem Nachbarn endlich einmal die Meinung zu sagen, kann zugunsten einer liebevollen Hinwendung zu einem geliebten Menschen verfliegen; die Gedankenketten, die sich mit dem letzten Urlaub beschäftigen, transformieren sich allmählich in Gedanken, was der Chef zum Wunsch nach Gehaltserhöhung sagen wird, usw. usw. Dieses Spiel der Daseinsfaktoren scheint endlos, wenn man ihm in gelassenen Momenten zusieht.

Sind die Faktoren des Daseins beständig oder nicht? In immer wiederkehrenden Gesprächen stellt der Buddha im Pali-Kanon seinem Gegenüber diese Frage. Das folgende Gespräch verläuft immer auf dieselbe Weise.[31] Der Gefragte sagt: »Nicht beständig, Herr.« – »Was aber unbeständig ist, ist das freudvoll oder leidvoll?« – »Leidvoll, Herr.« – »Was aber unbeständig, leidvoll und der Veränderung unterworfen ist, kann man davon zu Recht behaupten: ›Dies ist mein‹, ›Dies bin ich‹, ›Dies ist mein Selbst‹?« – »Gewiss nicht, Herr.« Und dieser Standard-Dialog kommt schließlich zu dem Schluss »in rechter Einsicht, der Wirklichkeit gemäß ...: ›Das gehört mir nicht, das bin nicht ich, das ist nicht mein Ich.‹«

Die Nicht-Ich-Lehre ist, auf den Weg der Übung bezogen, die Aufforderung, das Herz an nichts zu hängen, auch an sich selbst und die eigene Geschichte nicht, wenn man zu der Erfahrung der Befreiung kommen möchte. In diesem Punkt unterscheidet sich der Buddhismus nicht von anderen spirituellen Wegen. Selbstlosigkeit ist die Grundbedingung mystischer Erfahrung, sagen z.B. auch die abrahamitischen Traditionen.

Im Übrigen enthält sich der Buddha der Ansichten über das Ich. Er hat das Entstehen und Vergehen von Körperlichkeit und der anderen Daseinsfaktoren erkannt. »Darum sage ich, ist der Vollendete durch das Schwinden, (...) das Aufgeben und das Zurückweisen aller aller Meinungen, aller Beunruhigungen und aller Belastungen durch die Vorstellung von ›Ich‹ und ›Mein‹ vollkommen erlöst.«[32]

Angesichts der Komplexität und Veränderlichkeit von Lebensprozessen scheinen Worte wie »Ich«, »Selbst«, »körperhaft« oder »geistig« nur konventionelle Bezeichnungen zu sein, die auch der Buddha zur Verständigung gebraucht – aber nicht ernst, also für real existierend nimmt. Daran knüpft das berühmte Wagengleichnis an, das sich bereits sehr früh findet[33] und zu einer Ontologie des Nicht-Ich führt, wie man etwa an den »Fragen des Königs Milinda«, entstanden um das 1. Jahrhundert u.Z., sehen kann. Berichtet wird: Als König Milinda (oder Menander), ein Grieche, der über Gebiete des heutigen Afghanistan, Pakistan und Nordindien herrschte, den buddhistischen Mönch Nagasena nach seinem Namen fragte, antwortete dieser, dass er zwar Nagasena genannt werde, aber dies nur eine Redeweise sei, »denn eine Persönlichkeit ist hier nicht wahrzunehmen«.[34] Es verhalte sich mit ihm wie mit einem Wagen: Weder sei die Achse noch die Deichsel, noch die Räder usw. der Wagen, und daher könne man hier nicht von der Existenz eines Wagens sprechen, sondern nur davon, dass alle diese Bestandteile zusammen etwas ergeben, das man Wagen nennt. Ähnlich gelte das für einen Menschen: Haupthaar, Körperhaar, Nägel, Zähne, Haut, Fleisch, Sehnen, Knochen usw. und alles, was sonst zum Körperlichen, zur Empfindung, zur Wahrnehmung, zu den Impulsen und zum Bewusstsein gehört, ergeben zusammen das, was man einen Menschen nennt. Darüber hinaus, so Nagasena, lasse sich nichts entdecken, kein unabhängiges, immaterielles Wesen, das einen Menschen ausmacht.

Dieser Standpunkt des Mönchs Nagasena, formuliert vor ungefähr zweitausend Jahren, klingt sehr modern, wie ein empirisch argumentierender Skeptizismus, und so wird der Buddhismus auch heute manchmal interpretiert. Tatsächlich ist die Angelegenheit differenzierter. Wenn es Wiedergeburt entsprechend dem Karma gibt, stellt sich nämlich die Frage: Wenn es kein Ich gibt, also keinen identischen »Kern«, der die Kontinuität der verschiedenen Leben herstellt, sondern nur die fünf Daseinsfaktoren, die »Gruppen des Ergreifens« – Körperlichkeit, Empfindung, Wahrnehmungen, Impulse, Erkennen – wer oder was wird dann wieder geboren?

Die Antwort des Buddha ist: Wenn der Durst nach Wiedergeburt, »der von Wohlgefallen und Begierde begleitet ist und da und dort Gefallen findet«, die Regie übernimmt, dann wird die »Last des Daseins« aufgenommen, durch einen »Lastträger«, eine konkrete Person mit bestimmter Herkunft, Vorlieben und Abneigungen, einer bestimmten begrenzten Lebenszeit usw.

Die Bedingungen, unter denen das geschieht, sind unter dem Titel »Entstehen in Abhängigkeit« (Skr. *pratityasamutpada*, P. *paticcasamuppada*) zusammengefasst. Die Lehre vom »Entstehen in Abhängigkeit« gehört zu den Kernstücken buddhistischer Tradition.

Sie erläutert zunächst den Prozess der Wiedergeburt. Nichtwissen, Gestaltungsimpulse und Bewusstsein sind einander wechselseitig bedingende Faktoren, die ihrerseits die Bedingungen sind, die zu dem gegenwärtigen Leben führen. Dieses Leben hat eine geistig-materielle Form, welche die Sinne und ihren Kontakt zur Welt bedingt; und umgekehrt werden »Name und Form« durch die Sinne und den Sinnenkontakt usw. bedingt; weiter bedingt der Kontakt Empfindungen angenehmer oder unangenehmer Art, die wiederum bedingen, dass »Durst« entsteht, der das Ergreifen des Lebensprozesses und schließlich Werden, also neue Lebensprozesse, bedingt; und das heißt Geburt, Alter und Tod. Die Kette des Bedingten Entstehens wird im Pali-Kanon auf verschiedene Weise beschrieben. Die Standardversion hat zwölf Glieder, andere Varianten haben weniger und auch andere Glieder. In jedem Fall ist das »Abhängige Entstehen« anthropologisch gemeint, als eine Aufzählung von Bedingungen, die notwendig für menschliches Leben sind.

Die Kette des Abhängigen Entstehens beantwortet auch die Frage nach der Herkunft des Übels im eigenen Leben. Sie gibt die beiden Bedingungen an, unter denen Leiden (*dukkha*) entsteht; nämlich »Nichtwissen« und »Durst«. Beides verstrickt auf unterschiedliche Weise in Tatabsichten, die wiederum zu neuem Karma führen. »Nichtwissen« ist die Bedingung, durch die sich »Gestaltungen«, also unbewusste Motive entfalten und handlungsleitend werden können. Ein Beispiel dafür sind die unbewussten Motive, die die Wahl eines Partners bestimmen, die sich auf körperlicher, sprachlicher und gedanklicher Ebene äußern und im ungünstigen Fall zu immer wieder scheiternden Beziehungen führen können. Das Bewusstsein ist durch diese Gestaltungskräfte und -impulse bereits bestimmt und bedingt seinerseits die weitere Bedingungskette.

Die zweite Bedingung für Leiden (*dukkha*) ist der »Durst« – im tibetischen Lebensrad ganz buchstäblich mit dem Symbol eines Trinkers dargestellt, wobei folgerichtig für das auf den »Durst« folgende »Ergreifen« eine Frau steht, die dem Mann weitere Trinkkrüge bringt.

»Durst« steht psychologisch übersetzt für die Triebstruktur des Menschen. Es kann der Durst nach Lust, aber auch nach Zerstörung sein, der Menschen dazu antreibt, etwas haben zu wollen. So ist der »Durst« letzten Endes durch Gier und Hass motiviert.

Hier, bei »Nichtwissen« und bei »Durst«, kann die Kette der Bedingungen unterbrochen werden, hier kann sich der Ausweg aus dem Rad der Wiedergeburten öffnen, indem auf körperlicher, sprachlicher und gedanklicher Ebene Unheilsames gestoppt und Heilsames gefördert wird. Ein achtsames Leben ist die unabdingbare Voraussetzung dafür.

Die Anthropologie des Abhängigen Entstehens bildet die Grundlage der tibetischen Medizin. Diese entstand im 8. Jahrhundert u.Z. als Synthese aus griechisch-arabischen, indischen und chinesischen medizinischen Quellen gebildet wurde. Gier, Hass und Unwissenheit manifestieren sich als die Qualitäten Wind, Galle und Schleim, die im Verlauf des Lebensprozesses mehr oder weniger im Ungleichgewicht sind, wodurch Krankheiten entstehen. Nicht nur Medikamente und Nahrung, sondern auch Meditation und ein achtsames Leben fördern das Gleichgewicht dieser drei Qualitäten.

SYSTEME UND STREITIGKEITEN

Der Buddha hat keinen Nachfolger bestimmt und daher gibt es im Buddhismus keine Zentralautorität, die dogmatisch festlegt, was richtig oder falsch ist. Trotzdem gibt es bestimmte grundlegende Lehren, die von allen buddhistischen Richtungen akzeptiert werden. Dazu gehören die Lehre vom Nicht-Ich, das Abhängige Entstehen und die Befreiung von Wiedergeburt durch Erwachen. Ansonsten gibt es eine Fülle von unterschiedlichen Methoden und Auffassungen. In den ersten Jahrhunderten nach dem Tod des Buddha entstanden verschiedene Schulen, die der weiteren Entwicklung des Buddhismus wichtige Impulse gaben, in der Folge aber meist verschwanden.

Bei dem 3. Konzil von Pataliputra, 140 Jahre nach dem Parinirvana des Buddha, kam es wegen Fragen zur Mönchsdisziplin zur ersten Spaltung. Eine Mehrheit, die sich *mahasanghika* (Angehörige der großen Versammlung) nannte, optierte für die weniger anspruchsvollen Kriterien, während eine Minderheit, die sich *sthavira*, die Alten, nannte, an der strengeren und älteren Ansicht festhalten wollte.

Die Lehren der *mahasanghikas* bereiteten das Entstehen des Mahayana-Buddhismus vor; z.B. sagten sie, dass der Buddha eine überweltliche Erscheinung sei und sein irdisches Erscheinen nur ein »Spiel« der Transzendenz. Ein weiterer wichtiger Punkt betrifft das Bewusstsein oder den Geist, von dem es heißt, dass er grundlegend rein und unbefleckt sei. Damit verbindet sich Skepsis gegenüber der Leistungsfähigkeit der Begriffe und der Sprache auf dem Weg des Erwachens.

Ungefähr hundert Jahre später spaltete sich eine weitere Gruppe ab, sozusagen als Reaktion des gesunden

Menschenverstandes[35] auf die Vorstellung, wonach der Mensch nur aus den fünf Daseinsfaktoren zusammengesetzt sei. Diese Gruppe vertrat die Ansicht, dass die fünf Daseinsfaktoren durch eine Struktur geeint würden, den so genannten *pudgala*, die dem entspräche, was man Person nennt. Diese Überlegungen bereiteten den Boden für zwei wichtige Schulen des Mahayana, die Madhyamika-Schule und die Yogacara-Schule, vor.

Ein weiterer Disput betraf den Status der *dharmas*. Dies sind unpersönliche »Augenblicksereignisse«. Die Aufgabe des Meditierenden ist es, zu beobachten, wie die *dharmas* kommen und gehen. Die Mönche und Nonnen wurden über die Jahrhunderte hinweg zu Spezialisten in der genauen Beobachtung von Augenblicksereignissen. Der kürzestmögliche Augenblick dauert so lange, wie man braucht, um ein Palmblatt mit einer Nadel zu durchstechen, heißt es. Und in diesem Augenblick kann plötzlich Hass oder Freude aufkommen, Vertrauen, Faulheit, Unwissenheit oder Einsicht; und im nächsten kann wieder alles anders sein. Um Augenblicksereignisse wahrzunehmen, braucht man einige Übung, aber auch Kategorien, mit denen man sie benennen kann.

Im Laufe der Jahrhunderte entwickelten die verschiedenen Schulen unterschiedliche Listen von *dharmas*. Es gab eine mit 75, eine andere mit 84 und wieder eine andere zählte 100 verschiedene *dharmas*. Zu den *dharmas* rechnete man z.B. die zwölf Glieder des Abhängigen Entstehens, die sechs Sinne und ihre »Objekte«, also Sehen, Hören usw., und das Denken, dessen Objekt die Gedanken sind, aber auch andere »mentale Ereignisse« wie Aufmerksamkeit, Entscheidung, Reue usw. Jedes dieser *dharmas* entsteht in einem Set von Bedingungen, nur Nirvana nicht. Denn Nirvana ist zwar auch ein Augenblicksereignis, doch es gehört einer anderen Dimension an. Es ist durch kein anderes Augenblicksereignis bedingt, sondern unbedingt und absolut – und das heißt auch, dass es nicht willentlich herbeigeführt werden kann.

Umstritten war die Dauer der Existenz der *dharmas*. Wenn diese nur in dem Augenblick existieren, in dem sie auftreten, dann gibt es keine Kontinuität der Welt, sondern sie entsteht jeden Augenblick neu. Das ist für den alltäglichen Menschenverstand schwierig nachzuvollziehen. Dazu kommt: Wenn vergangene Handlungen zu existieren aufhören, unmittelbar nachdem sie stattgefunden haben, gibt es auch keinen Grund, warum sie in der Zukunft karmische Folgen nach sich ziehen sollen. Die Schule des *Sarvastivadin* vertrat daher die Ansicht, dass *dharmas* »in allen drei Zeiten« existieren.

Im Kontext dieser Diskussionen entstand der *Abhidharma*, eine Sammlung philosophischer Traktate, verfasst von den verschiedenen Theravada-Schulen, zu all den damals umstrittenen Themen. Diese Sammlung gilt neben dem *Vinayapittaka*, dem Korb der Mönchsregeln, und dem *Sutrapittaka*, dem Korb der Lehrtexte, als der dritte »Korb« mit relevanten Texten.

LEERE UND SOHEIT

Um das 1. Jahrhundert v.u.Z. entstand in Indien eine große neue Richtung, der Mahayana-Buddhismus. Gründe dafür werden viele genannt: Einflüsse aus dem Westen, vor allem aus dem Iran und aus Griechenland, Überfälle bewaffneter Reiter aus dem Norden, von jenseits des Himalaya, Spannungen innerhalb der buddhistischen Gemeinschaft zwischen Laien und Mönchen usw. Genau weiß bis jetzt niemand, warum es zur »zweiten Umdrehung des Rades des Lehre« gekommen ist, das heißt zu einer Weiterentwicklung der buddhistischen Lehre.

Der Buddha wird im Mahayana als eine überweltliche, zeitlose Gestalt gesehen. Nirvana gilt nicht mehr als rein transzendente Größe, sondern als »koextensiv« mit dem Kreislauf der Wiedergeburten (»Samsara ist Nirvana«), das Ideal des Bodhisattva tritt an die Stelle des Arhat, und es entsteht eine »Ontologie der Leere und der Soheit«.

Die Lehre von der »Leere« zählt zu den dunkelsten und am schwersten verständlichen Teilen der buddhistischen Tradition. Für gewöhnlich bezeichnet »Leere« die

Abwesenheit oder die Vernichtung von etwas. Genau das ist aber mit dem Sanskritwort *shunyata* nicht gemeint. *Shunyata* ist verwandt mit Nirvana – es ist sozusagen eine Leere, die heilsam ist.

LEERE

Alles ist unbeständig und voneinander abhängig – und daher »leer«, *shunya*. Leerheit, *shunyata*, durchdringt alles. Das ist die »Beruhigung der Vielfalt«. Nagarjuna (um 200 u.Z.), Philosoph und Begründer der Madhyamika-Schule, schrieb:

»Die Grenze des Nirvana ist auch die Grenze des Samsara, des Wesenskreislaufs. Es gibt nicht das geringste, das die beiden trennt.« »Alle Wahrnehmung hört auf, die Vielfalt kommt zur Ruhe und es herrscht Friede. Nirgends ist irgendwem irgendeine Lehre von Buddha verkündet worden.«[36]

Im »Herz-Sutra der vollendeten Weisheit«, ein Text, der im Mahayana-Buddhismus und vor allem in Zen-Klöstern immer und immer wieder rezitiert wird, kommt dieser besondere Charakter von Leere klar zum Ausdruck. Es geht in diesem Sutra um ein Gespräch zwischen dem transzendenten Bodhisattva Avalokiteshvara und Shariputra, einem der Lieblingsschüler des Buddha, der im Pali-Kanon oft zitiert wird.

> »Als der Bodhisattva Avalokiteshvara in vollendeter Weisheit versunken war, gewahrte er deutlich, daß die Fünf Skandhas alle leer sind, und überwand so jegliches Leiden. Oh Shariputra, Form ist nicht verschieden von Leere, Leere ist nicht verschieden von Form. In der Tat: Form ist Leere, Leere ist Form. Das gleiche gilt für Empfindung, Wahrnehmung, Vorstellung und Bewusstsein ...«[37]

Es ist kein Zufall, dass der Sprecher dieses Sutras, der Bodhisattva Avalokiteshvara, in tiefer Meditation ist. In diesem Zustand sieht die Welt anders aus. Gewöhnlich sieht man sich selbst im Mittelpunkt der Ereignisse und beurteilt die Geschehnisse und die Dinge von diesem Standpunkt aus. Man schreibt den Dingen und sich selbst Identitäten zu und verknüpft damit bestimmte

Vorstellungen. Man identifiziert sich z.B. mit einer beruflichen Rolle oder mit seinem Mann- oder Frau-Sein usw. Die Welt der Dinge bestimmt man nach der Nützlichkeit dieser Dinge – ein Auto, ein Apfel, ein Computer, ein Stück Brot usw. Auf diese Weise lebt man in einem Netz von Begriffen, die alle aufeinander verweisen, und ist selbst ein Teil dieses sprachlich-begrifflichen Netzes. Das Abhängige Entstehen ist, so gesehen, ein logisches und sprachliches Ereignis.

Doch damit wird man weder sich selbst noch den Dingen gerecht. Um ein Beispiel aus der buddhistischen Literatur zu nehmen: Feuer z.B. ist für Menschen ein nützliches, aber auch gefährliches Element, weil es Holz oder auch die Finger verbrennt. Abgesehen von dieser Beziehung auf den Menschen hat »Feuer« aber keine Bedeutung, und insofern ist »Feuer« leer. Identität, Bedeutung gibt es nur in Abhängigkeit von anderen Identitäten und Bedeutungen. Da alles abhängig entstanden ist, ist alles leer. Das ist die eine Sicht auf *shunyata*, Leerheit.

Dies ist der erste Schritt.

Der zweite ist: Feuer ist für sich selbst nicht Feuer; es verbrennt sich selbst nicht. Dort, wo Feuer es selbst ist, ist das »Feld der Leere«. Hier gilt: »Feuer ist nicht Feuer«. Im »Feld der Leere« gilt aber auch, dass ein Auge nicht ein Auge ist, eine Nase nicht eine Nase ist usw. Und im Weiteren gilt das auch für alle *dharmas*, alle Augenblicksereignisse. Auf diesem »Feld der Leere« (K. Nishitani) verschwinden die Begrenzungen, die sonst durch Begriffe und Gewohnheit festgelegt werden. Deswegen paraphrasieren moderne japanische Zen-Meister auch manchmal *shunyata* als »Fülle der Möglichkeiten«. Das Leben sieht unter dieser Perspektive völlig anders aus – und doch wieder nicht. Alles erscheint in seiner »Soheit« (*tathata*), der Qualität der Leere: Alles ist so, wie es ist, und es ist so unvergleichlich und einzigartig es selbst, wie ein Apfel mit einem Wurmloch dieser einzigartige Apfel mit einem Wurmloch ist oder das Gesicht des Nachbarn dieses einzigartige Gesicht, das genau dieses und kein anderes Gesicht ist, oder einfach der

Kaffee beim Frühstück, hier und jetzt, einzigartig in diesem Augenblick.

Die Mahayana-Philosophie hat die Lehre von der Leere sehr ausführlich entwickelt. Der springende Punkt aber ist nicht philosophisch: Wer dies versteht, versteht auch, dass es nichts zu erreichen gibt, nicht einmal Weisheit. Diese Einsicht bedeutet: Alles Streben, etwas zu haben und zu halten, hört auf. Gier und Hass verlieren ihre Kraft. »Da es nichts zu erlangen gibt, ist der Geist des Bodhisattva ohne Behinderung und daher ohne Furcht. Über allen Irrtum und alle Täuschung hinausgehend, erreicht er endlich Nirvana«, heißt es im »Herzsutra«.

Die Welt ist gemäß dem Mahayana-Buddhismus mit einem doppelt belichteten Foto zu vergleichen:[38] Da sind einerseits die Dinge und Menschen, alles, was die relative Welt ausmacht. Und da ist andererseits, und zwar gleichzeitig, Leere (*shunyata*) und Soheit (*tathata*).

So, wie man bei einem doppelt belichteten Foto die Aufmerksamkeit zuerst auf den einen und dann auf den anderen Aspekt lenken kann, kann man auch hier die Sichtweise entweder auf Leerheit und Soheit richten, auf die Welt der »absoluten Wahrheit« oder auf das Abhängige Entstehen der *dharmas*, auf die »relative Wahrheit«.

Doch diese beiden Aspekte gehören zusammen. Gerade der Zen-Buddhismus betont diese Einheit. Es gilt, die absolute Wahrheit im konkreten Alltag zu entdecken und zu verwirklichen. Der vietnamesische Zen-Meister Thich Nhat Hanh drückt das ganz einfach aus: »Es gibt nichts, dem nachzujagen wäre... Frieden ist in jedem Moment erreichbar, mit jedem Atemzug, mit jedem Schritt.«[39]

WELLE UND OZEAN

Eine der bekanntesten Metaphern für die Einheit von Relativem und Absolutem ist die Metapher vom Meer und der Welle. »Obwohl sich der Ozean gleichzeitig auf alle Wellen erstreckt, verändert er sich nicht, und obwohl alle Wellen gleichzeitig den großen Ozean enthalten, sind sie nicht eins. Wenn der große Ozean eine einzelne Welle umschließt, hindert ihn nichts, alle anderen Wellen innerhalb seines ganzen körperlichen Umfangs zu umschließen. Wenn eine einzelne Welle den großen Ozean enthält, dann enthalten alle anderen Wellen auch den Ozean in seiner Gänze. Es gibt keinerlei Behinderung zwischen ihnen.«[40]

Diese Meditationsanweisung stammt von Fa Tsang (643–712), einem der bedeutenden Lehrer der in China um diese Zeit entstandenen Hua-Yen-Schule, benannt nach dem gleichnamigen Sutra, zu Deutsch »Girlanden- oder Blumenschmuck-Sutra«. Das Thema der sich wechselseitig durchdringenden Vielheit, die zugleich Einheit ist, wird noch von einer zweiten, sehr bekannten Metapher aus der Hua-Yen-Schule behandelt. Hoch oben auf dem Dach des Palastes des Gottes Indra befindet sich ein riesiges Netz, das von unendlich vielen kleinen Kristallkugeln gebildet wird, die zu ganz verschiedenen Mustern verwoben sind. Durch die Reflexion des Lichtes spiegelt jede Kugel nicht nur den ganzen Kosmos, alle Berge, Meere, Menschen – sondern auch die anderen Kugeln und die Bilder, die diese anderen Kugeln spiegeln, ohne irgendetwas auszulassen.

Die Metapher von Indras Netz, die heute oft von Ökologen zitiert wird, ist ein weiteres Bild für die Einheit und zugleich wechselseitige Durchdringung der Vielheit des Abhängigen Entstehens; eine Metapher des Ineinanders von Unendlichem und Endlichem. Das Abhängige Entstehen ist hier nicht mehr anthropologisch, sondern ontologisch verstanden, als ein Gefüge von einander wechselseitig bedingenden Faktoren.

Dahinter steckt nicht nur Philosophie, sondern auch Meditationspraxis. Nicht nur scharfes Denken, sondern auch Versenkung (*samadhi*) ist eine wesentliche Voraussetzung für die »Ontologie der Leere«. Das gilt auch für die Yogacara-Schule, die um das 2./3. Jahrhundert u.Z. in Indien entsteht. Meditationspraxis ist vorausgesetzt, wenn es z.B. im Lankavatara-Sutra, einem der Basis-Texte dieser Schule, heißt: »Das Wesen der Dinge ist nicht existent, was man sieht, ist nichts als der Geist; wenn der Geist selbst nicht wahrgenommen wird, entsteht Unterscheidung.«

Vermutlich aus der Erfahrung der Meditation postuliert man in dieser Schule, dass es ein Grund- oder Speicherbewusstsein gibt, in dem die karmischen »Samen« (*bija*) aufbewahrt sind, die sich in der Wahrnehmung der Menschen zu einer Welt entfalten, in der durch die Handlungen der Menschen neues Karma entsteht. Damit kann ein methodisches Problem der Wiedergeburtslehre gelöst werden. Denn eine der immer wieder aufflackernden Fragen war: Wenn es kein Ich gibt, wer oder was wird dann wieder geboren? Das »Speicherbewusstsein« (*alaya vijnana*) löst dieses Problem. Denn jedes individuelle Ich-Bewusstsein speist sich aus dem unpersönlichen Reservoir an Denk- und Handlungsmustern. Die relative Welt ist wie ein Traum, in dem man Dinge, Tiere, Menschen, Gärten usw. sieht, ohne dass es sie wirklich gibt. Es bedarf einer »Umwandlung der Grundlage«, um aus diesem Traum zu erwachen und zu realisieren, dass alles Geist ist und es keine Gegenstände gibt – wobei »Geist« ein anderer Ausdruck für »Leere« ist.

V. SANGHA

SANGHA

Der Begriff *sangha*, wörtlich »Schar«, bezeichnet eine Gruppe spirituell Suchender, die sich um einen Guru scharen. Im Buddhismus bezeichnet das Wort die Gemeinde der Mönche, Nonnen und Novizen. Im erweiterten Sinn zählen auch die Laienanhänger (*upasaka*, wörtl. »Dabeisitzender«) dazu.

MÖNCHE UND LAIEN

Die gelben und orangefarbenen Roben der Mönche der verschiedenen Theravada-Traditionen, die in Südostasien das Straßenbild prägen, sind ein willkommenes Fotomotiv für Touristen. In den buddhistischen Ländern Südostasiens sind Mönche ganz selbstverständlich ein angesehener Teil der Gesellschaft. Ähnlich gilt das für Südkorea; in China und Tibet hat das kommunistische Regime Klöster und Mönche bis vor kurzem verfolgt und unterdrückt. Heute erlaubt es religiöse Institutionen als tourismusfördernden Faktor. In Kambodscha und Vietnam haben die Jahrzehnte von Krieg und kommunistischer Herrschaft ebenfalls Mönche und Klöster dezimiert. Und in Japan spielen die buddhistischen Klöster zwar noch immer eine Rolle in der Gesellschaft, doch seit dem »Meiji-Tenno« (regiert von 1867–1912) und dem Beginn der Modernisierung Japans wurde die Macht der buddhistischen Klöster zurückgedrängt und stattdessen der Staatsshinto, eine modernisierte Form der dörflichen Religion Japans, favorisiert. Mönche sieht man in den japanischen Städten nur noch sehr vereinzelt, auch wenn vor allem Zen-Klöster zu den touristischen Zielen gehören, und man auf den Ansichtskarten, die in den großen Tempeln verkauft werden, Mönche beim traditionellen Bettelgang bewundern kann.

Zen-Klöster und Klöster des tibetischen Buddhismus gibt es heute in Indien und Nepal, aber auch in Schottland, der Schweiz, Frankreich, Kanada, Deutschland, Österreich, Italien, Spanien, den USA usw. Auch Theravada-Klöster gibt es im Westen – in der Schweiz und in England, auch in Deutschland – mit vielen Westlern, die sich entschieden haben, die Mönchsrobe und den damit verbundenen strengen Lebensstil anzunehmen.

Der Orden der Mönche und Nonnen, der »Söhne und Töchter des Buddha« ist die Grundlage des Buddhismus. Man sagt, dass der Buddhismus überall dort Wurzeln geschlagen hat, wo es einheimische Mönche und Nonnen und Klöster gibt.

MÖNCHSREGELN

Gemeinschaften von Wandermönchen waren zur Zeit des Buddha keine Seltenheit, denn Männer aus allen Gesellschaftsschichten zogen damals als spirituelle Sucher in die »Hauslosigkeit«. Im Sangha des Buddha spielte die Herkunft keine Rolle. Den Rang in der Gemeinschaft bestimmte der Zeitpunkt des Eintritts. Ob jemand aus einer hohen oder aus einer niederen Kaste stammte oder kastenlos war, hatte keine Bedeutung. Dies war eine bedeutende Errungenschaft in der durch das Kastenwesen restlos bestimmten indischen Gesellschaft. Die zweite Errungenschaft war, dass auch Frauen »Hauslose« werden konnten. Wie erzählt wird, wollte sich die Amme des Buddha der Gemeinschaft anschließen, der Buddha lehnte dies aber ab; und erst nach mehrmaligen Bitten seines Lieblingsjüngers Ananda gründete er einen Nonnenorden, mit der Bemerkung, die Zulassung von Frauen würde den Niedergang seiner Lehre beschleunigen.

Diese Geschichte spiegelt die Ambivalenz der Situation der Frauen wider. Auf der einen Seite eröffnete der Nonnenorden Frauen die Möglichkeit eines selbstbestimmten Lebens außerhalb familiärer Zwänge. Andererseits war und ist die Stellung der Frau im Buddhismus genauso untergeordnet wie in allen anderen Schriftreligionen. Die älteste Nonne steht rangmäßig unter dem jüngsten Mönch, und während *Bikkhus* (Mönche) im südlichen Buddhismus 227 Regeln zu befolgen haben, beträgt die Zahl der Regeln für *Bikkhsunis* (Nonnen) 311. In den anderen buddhistischen Traditionen verhält sich das nicht anders.

Der *Vinayapittaka*, der »Korb der Disziplin«, eine Sammlung von Regeln, die nicht systematisch, sondern ad hoc zur Regelung konkreter Situationen entstanden sind, bestimmt bis heute das Leben der Mönche. Dazu gehören nicht nur Regeln, die grobe Verstöße betreffen – wie z.B. Mord, Geschlechtsverkehr oder Diebstahl –, sondern auch Regeln, die den Besitz eines Mönches oder einer Nonne betreffen, und Regeln, durch die das Benehmen und die Etikette in und außerhalb des Klosters bestimmt werden. Dann gibt es noch die so genannten *pratimoksha*-Regeln, die zweimal im Monat bei den *Uposatha*-Feiern vor der Versammlung der Mönche bzw. der Nonnen rezitiert werden. Wer eine dieser Regeln übertreten hat, muss dies vor der Versammlung bekennen und wird dann je nach Fall und Schwere des Verstoßes gemaßregelt. Meistens reicht aber bereits das Bekenntnis der Verfehlung zur Exkulpation.

KLÖSTER UND ORDEN

In den Orden aufgenommen wurden keine Kranken, Missgebildeten, keine Soldaten oder flüchtige Verbrecher, keine Verschuldeten und keine Sklaven. Ob jemand Familie hatte oder nicht, spielte – und spielt – dagegen keine Rolle. In manchen buddhistischen Ländern, z.B. in Thailand, ist es daher heute üblich, dass jemand für einige Monate Mönch wird. Meistens sind das junge Männer. Es soll aber auch vorkommen, dass hochgestellte Persönlichkeiten ins Kloster gehen, um durch Meditation und enthaltsames Leben gutes Karma zu erwerben oder schlechtes Karma – z.B. als Folge von Korruption – abzuarbeiten.

Nachdem sich die Mönchsgemeinde rasch entwickelte, fanden sich einige örtliche Könige als Schirmherren für die junge Gemeinschaft. Sie unterstützten die Mönche nicht nur durch Almosen, sondern auch durch Plätze, auf denen sich die Gemeinschaft während der Regenzeit zurückziehen konnte und ein temporäres Kloster aus Bambushütten bauen konnte. Zu Lebzeiten des Buddha gab es vielleicht zehn solcher Plätze, *vihara* genannt. Im Laufe der Zeit traten an die Stelle der Bambuskonstruktionen solide Bauten aus Ziegeln. Manche dieser Klöster aus den Zeiten des frühen Buddhismus hat man in den letzten Jahrzehnten in Indien wieder ausgegraben.

Eine Veränderung der Regeln gab es in China. Der Zen-Meister Pai-chang (720–814) fügte für die Zen-Gemeinschaft eine wichtige Regel hinzu: »Ein Tag ohne Arbeit ist ein Tag ohne Essen«, um den Vorwurf der Konfuzianer, buddhistische Mönche seien Parasiten, zu entkräften. In Zen-Klöstern gehört körperliche Arbeit in Küche, Haus und Garten zur monastischen Disziplin. Im Unterschied zu Theravada-Klöstern lebt man also nicht ausschließlich von Bettelgängen, obwohl die Klöster immer noch von der Unterstützung der Laien leben. Zen-Mönche und -Nonnen in China und Korea leben zölibatär. In Japan dürfen Mönche seit der Meiji-Restauration heiraten; auf diese Weise versuchte man, die ökonomische Macht der Klöster zu brechen.

Ein besonderer Fall ist bzw. war Tibet. Zwischen dem

9. und 15. Jahrhundert entstanden hier große Orden, der Nyingmapa-, der Kagyüpa-, der Sakyapa-, der Gelugpa- und der heute weitgehend verschwundene Kadampa-Orden. Sie unterscheiden sich voneinander vor allem in den Schwerpunkten, die sie in der Übermittlung der buddhistischen Lehre setzen. Während etwa der älteste, der Nyingmapa-Orden die meditative Praxis in den Vordergrund stellt, betont der jüngste, der Gelugpa-Orden, das scholastische Element. Die Orden spielen eine bedeutende Rolle in der tibetischen Politik. Während sonst oft Mönche verschiedener buddhistischer Richtungen unter einem Dach lebten, hatten in Tibet die einzelnen Orden jeweils eigene klösterliche Zentren. Diese fungierten zeitweilig als unabhängige Machtzentren und verfügten über Soldaten, die auch zum Einsatz kamen. Ähnlich gab es übrigens auch im mittelalterlichen Japan Mönchssoldaten, die bisweilen von der Zivilbevölkerung gefürchtet waren. So mussten etwa die Klöster auf dem Berg Hiei bei Kyoto mit dem Eingang zur Bergseite gebaut werden, um die Anzahl der Überfälle der Mönchssoldaten auf die Stadt einzuschränken.

Nach der weitgehenden Zerstörung der buddhistischen Tradition in Tibet und der Flucht vieler Tibeter gibt es heute auch außerhalb Tibets Klöster. Der Dalai Lama als das Oberhaupt des Gelugpa-Ordens ist dabei rangmäßig den Oberhäuptern der anderen Orden nicht überlegen, und er ist auch nicht weisungsbefugt, obwohl er traditionell als geistliches Oberhaupt der tibetischen Buddhisten gilt. Der Titel »Lama« ist nicht nur Mönchen vorbehalten, sondern auch Laien, die Meditation und tantrische Rituale gemeistert haben. Das Training dauert viele Jahre und umfasst philosophische Schulung genauso wie meditative Praxis.

LAIEN

Wer Mönch oder Nonne wird, hat nach der Theravada-Lehre gute Aussichten, in diesem Leben die Todlosigkeit, das Nirvana zu erlangen. Für Laien dagegen gilt das als

Ausnahme, da sie durch die sozialen Verpflichtungen der Familie und dem Beruf gegenüber von einer intensiven Meditationspraxis abgehalten werden. Im Unterschied zu einem Mönch braucht ein Laie nur die fünf *Silas*, die moralischen Regeln, befolgen. Er kann allerdings auch zu Vollmond und zu Neumond (*Uposatha*) weitere Regeln »nehmen«. Ein Laie soll zwar den »Drei Kostbarkeiten«, Buddha, Dharma und Sangha, gegenüber loyal sein, kann aber auch andere religiöse Bräuche pflegen, z.B. jene, die die traditionelle Volksreligion nahe legt.

Eine der wichtigsten Aufgaben und Tugenden der Laien ist die Großzügigkeit gegenüber den Mönchen. Einem Volk, das seine Mönche ehrt, gehe es gut, heißt es, weil die Mönche die »Garanten der Transzendenz« sind. Es ist ihre Aufgabe, die Laien durch ein beispielhaftes Leben an die Chance der Befreiung zu erinnern.

Laien erwerben durch die Unterstützung der Mönche karmische »Verdienste«. Eine thailändische Dame der reichen Oberschicht z.B. wird daher gerne Mönche bzw. ein Kloster unterstützen. Auch die Verehrung von Reliquien und Meditationspraxis bringt karmische »Verdienste«, dank derer es im nächsten Leben möglich sein kann, die Todlosigkeit zu erringen. Allerdings suchen nicht wenige karmische Verdienste, um im nächsten Leben bessere Chancen zu haben, reicher und glücklicher zu werden.

HEILIGE: IDEALE MENSCHEN

ARHAT

Das Ideal des Theravada-Buddhismus ist der Arhat, »ein Mensch, der großen Respekt verdient«. Er hat die Feuer des »Durstes« gelöscht und ist den Pfad zu Ende gegangen. Die »Einflüsse« von Gier, Hass und Verblendung bestimmen sein Leben nicht mehr. Seine Handlungen schaffen kein neues Karma. »Sanft ist sein Geist, sanft ist seine Rede, sanft ist sein Verhalten; wer rechtes Wissen hat, ist völlig frei, vollkommen friedvoll und gleichmütig.«[41] Er sieht sein »Ich« als einen Strom sich wandelnder Phänomene. Doch er ist nicht apathisch und emotionslos, sondern eine starke Persönlichkeit, sein Geist ist »wie ein Donnerkeil«[42]. Er hat die sieben Faktoren der Erleuchtung (*bojjhanga*) entwickelt, nämlich Achtsamkeit, Verständnis des Dharma, Stärke, Freude, Ruhe, Konzentration und Gleichmut.

BODHISATTVA

Um das 1. Jahrhundert v.u.Z. entsteht – im Kontext des Mahayana-Buddhismus – ein neues Ideal. Die »Ontologie der Leere« identifiziert den Kreislauf der Wiedergeburten, *Samsara*, mit Nirvana. Um Nirvana zu erlangen, ist es, so die Schlussfolgerung, daher nicht notwendig, Mönch zu werden. Befreiung findet, wer die Leere (*shunyata*) aller Phänomene versteht, und dies ist für alle möglich, nicht nur für Mönche. Der Weg des Bodhisattva wird zum Teil polemisch gegen den Theravada-Weg, den »Weg des Schülers«, gesetzt, wie man etwa im Lotossutra, entstanden um 200 u.Z., lesen kann.

DER BODHISATTVA

Der Bodhisattva, wörtlich: »Erleuchtungswesen«, sucht nicht nur nach seiner eigenen Befreiung, sondern nach dem Heil aller Wesen. Denn weil das eigene Selbst und das Selbst der anderen gleichermaßen leer (*shunya*) ist, besteht kein Unterschied zwischen ihm und anderen. Die Einsicht (*prajna*) in die Leere aller Phänomene ist zugleich die Grundlage für grenzenloses Mitgefühl. »Ich bin entschlossen, in jedem Elendszustand ungezählte Zehnmillionen von Weltzeitaltern zu verweilen... Es ist ja fürwahr besser, daß ich allein mit Leiden beschwert sei, als daß alle diese Wesen in Elendswelten gerieten.«[43]

Der Weg des Bodhisattva ist lang. Unzählige Zeitalter vervollkommnet er sich – manchmal ist es auch eine »Sie« –, um zum vollkommenen Buddha zu werden. Dieser Weg – der gewöhnlich in zehn Stufen unterteilt wird – beginnt mit dem Wunsch, Buddhaschaft zu erreichen, allerdings nicht nur für sich selbst, sondern für alle Wesen. Sechs »Vollkommenheiten« (*paramita*) sind Charakteristika des Bodhisattva: Gebefreudigkeit (*dana*), moralisches Verhalten (*sila*), Geduld (*ksanti*), Stärke (*virya*), Meditation (*dhyana*) und Weisheit (*prajna*). – Was den Bodhisattva auszeichnet, ist die Fähigkeit, »geschickte Mittel« einzusetzen, um andere zum Erwachen zu bringen.

Doch Bodhisattvas treten nicht nur als *Menschen* auf dem Weg zur Buddhaschaft auf, sondern auch als *transzendente Wesen*. Transzendente Bodhisattvas sind Gestalten des »Körpers des Genusses«, des *sambhogakaya*, also sozusagen subtile Verkörperungen des *dharmakaya*/Buddha. Sie können in allen möglichen Formen erscheinen, in den Gestalten aller Wesen, in allen Stimmen und Lauten; als Hindu-Götter, als Prostituierte oder Dorfleute, Karawanenführer oder Minister.

Alles kann Bodhisattva sein – alles, was schützt und hilft, aber auch alles Unangenehme. »Selbst wenn es einer wäre voll Rachsucht, ein schlimmer Feind, voller Vorwürfe, der mich quälte – so ist eben dies des verkörperten Bodhisattvas große Gnade«, ein Mittel zur Reinigung vom Karma, heißt es in den »Bodhisattva-Gelübden« des japanischen Zen-Meisters Torei Zenji (1721–1792, ein bedeutender Schüler von Zen-Meister Hakuin). Der Bodhisattva ist selbst ein »geschicktes Mittel«, um die Menschen zur Erleuchtung zu führen.

AVALOKITESHVARA

Einer der bekanntesten transzendenten Bodhisattvas ist Avalokiteshvara (Skr.) oder Guan Yin (chin.). Die Legende erzählt, dass Avalokiteshvara (»der Herr, der mit Mitgefühl sieht«) vor dem Eintritt ins endgültige Nirvana plötzlich die Hilfeschreie der leidenden Wesen hörte, worauf er von unbändigem Mitleid erfasst wurde und beschloss, nicht ins Nirvana einzugehen, bevor nicht alle Wesen befreit seien. Und im gleichen Augenblick bekam er unzählige Hände und elf Köpfe, um überall zur

Stelle zu sein, wo Hilfe nötig ist. In China wird aus dem männlichen Bodhisattva dann eine weibliche Gestalt, Guan Yin, die verirrten Wanderern, Matrosen in Seenot, verzweifelten Kindern usw. erscheint und hilft. In Tibet übernehmen die »grüne« und die »weiße Tara« diese Funktion. Der Legende nach sind diese beiden weiblichen Bodhisattvas aus zwei Tränen des Avalokiteshvara geboren.

Avalokiteshvara oder Guan Yin ist die subtile Verkörperung des Amitabha, des Buddha des unendlichen Lichts. Die Lotosblüte in seiner/ihrer Hand ist ein Zeichen der Erleuchtung. Das Mantra des Avalokiteshvara »om mani padme hum« gilt im Vajrayana-Buddhismus als besonders wichtig. *Om* und *hum* gelten bereits in den Veden, den ältesten Sakraltexten Indiens, als heilige Silben. *Om* ist der Grundlaut des Universums, heißt es. *Mani padme* bedeutet wörtlich: »O Dame des Lotos-Juwels«. Spätere Exegeten erklären *mani* als Lotos und *padme* als Juwel, beides Zeichen des Avalokiteshvara. Als Mantra verwendet, sollen die sechs Silben die sechs Welten der Wiedergeburt bedeuten oder die sechs Vollkommenheiten eines Bodhisattvas.[44]

DER DALAI LAMA UND DAS TULKU-SYSTEM

Ohne diesen Hintergrund ist eine Besonderheit des tibetischen Buddhismus kaum zu verstehen: das so genannte Tulku-System. In Bertoluccis Film »Little Buddha« wird es vorgeführt. Ein angesehener spiritueller Lehrer, der auch ein hoher Würdenträger ist, stirbt. Es gibt Prophezeiungen, die die Suche nach der Wiedergeburt in die richtige Richtung weisen, und schließlich sieht man dann im Film das Auswahlverfahren für die Kandidaten. Sie müssen aus verschiedenen Gebrauchsgegenständen wie Brillen, Rosenkränzen oder Essschalen diejenigen herausfinden, die der Verstorbene benützt hat. Am Ende des Films haben insgesamt drei Kinder diesen Test bestanden, so dass es drei Anwärter auf Titel und Funktion gibt – ein durchaus realistisches Ende.

Dass es mehrere konkurrierende Anwärter als beglaubigte Reinkarnation eines verstorbenen hohen Lamas gibt, ist nicht selten. Erst vor kurzem gab es um das Oberhaupt der Kagyüpa-Schule, den Karmapa, einen solchen Streit. Im Moment gibt es zwei Karmapas. Bei der Frage der Nachfolge geht es auch um materielle Werte. Zwar sind die Klöster selbst besitzlos, doch es gibt ein unterstützendes ökonomisches Netz, das Begehrlichkeiten wecken kann.

Das Tulku-System existiert in Tibet seit dem 13. Jahrhundert, als die zweite Reinkarnation des Karmapa, des Oberhaupts der Kagyüpa, aufgefunden wurde. Auf diese Weise sollte die Machtposition des Karmapa, die in einem dem Zölibat verpflichteten Mönchsorden nicht an leibliche Erben weitergegeben werden kann, erhalten bleiben. Eine Wiederverkörperung des Dalai Lama gibt es erst seit dem »Großen« 5. Dalai Lama (1617–1682), der seine Herrschaft über ganz Tibet ausgedehnt hatte.

Der Dalai Lama gilt als eine Verkörperung des Bodhisattva Avalokiteshvara. Der Titel »Gottkönig«, den westliche Medien dem Dalai Lama immer wieder »verleihen«, ist daher absolut unzutreffend. Zudem war die Machtposition der Dalai Lamas sehr unterschiedlich, da es in Tibet – entgegen anderen Vorstellungen – nie einen zentralistischen Staat gegeben hat. Das Land war aufgeteilt in Einflusssphären verschiedener Klans, Stämme und Klöster, und der Dalai Lama fungierte nur als symbolische Klammer. Auch die Persönlichkeiten der Dalai Lamas waren sehr unterschiedlich. Der 6. Dalai Lama etwa interessierte sich für das klösterliche Leben, aber auch für die politische Macht recht wenig – weit mehr dafür für Frauen, Wein, Musik und Poesie.

Vielfach wird das Auswahlverfahren, das bei der Auffindung einer Wiedergeburt verwendet wird, zum Beweis dafür genommen, dass es Reinkarnation »wirklich gibt«. Die Frage ist allerdings, was dieses Verfahren wirklich beweist. So, wie das Verfahren angelegt ist, scheint es vor allem geeignet, Kinder mit hoher Sensibilität und Auffassungsgabe auszusuchen, die daher für spätere Führungspositionen geeignet sind, da sie zudem von früher Kindheit an im Kloster für diese Aufgaben erzogen werden.

MAHASIDDHAS

Außerhalb des Klosters lebten im alten Tibet die *Mahasiddhas*, die »wilden Männer« – und manchmal auch Frauen – des tantrischen Buddhismus. Sie stellen neben Arhats und Bodhisattvas den dritten Typus des buddhistischen »religiösen Virtuosen« dar. Der Mahasiddha lebt typischerweise nicht als Mönch, sondern außerhalb menschlicher Wohnorte in der Wildnis. Als Tantriker sucht er das Erwachen nicht nur in der Askese, sondern auch in der Lust, da der Tantrismus alle Emotionen zu einem Vehikel der Erleuchtung macht. Er beherrscht magische Fähigkeiten, ist aber kein Magier, sondern nützt diese Fähigkeiten zur Verbreitung des Dharma. Als der große tibetische Heilige Milarepa z.B. sich mit einem Magier der Bön-Religion in einen magischen Zweikampf einließ, ging es um den Vorrang bei der Pilgerschaft um den heiligen Berg Kailash in Westtibet. Gehörte der Berg zur Einflusssphäre des Bön oder des Buddhismus, das war die Frage. Milarepa gewann, indem er seinen Kontrahenten in der Fähigkeit des magischen Fliegens übertrumpfte und genau zu Sonnenaufgang am Kailash war, wird erzählt.

VI. BUDDHISTISCHE PRAXIS

ETHIK

Es ist nicht gleichgültig, wie man lebt und was man tut. Denn was man tut, hat Folgen, und zwar über den Tod hinaus. Dies ist die Grundposition jeder religiösen Ethik. Da die Wurzeln des Buddhismus in der Welt der Veden und Upanishaden liegen, sind hier auch die Voraussetzungen für die buddhistische Ethik zu finden. Da ist einerseits das Gesetz des Karma und andererseits das Ziel der Befreiung durch und zu Transzendenz, *moksha*. Diese beiden Sphären sind komplementär. Denn innerhalb der Sechs Welten des Kreislaufs der Wiedergeburt gilt das Gesetz des Karma. Wer dagegen *moksha* erreicht, gehört zu einer anderen Ordnung jenseits der Sechs Welten. Handlungen können Verdienst, also gutes Karma (*punya*) bewirken, und sie können auch schlechtes Karma (*papa*) bewirken. Das hat Auswirkungen auf die Zukunft im Kreislauf der Sechs Welten. Darüber hinaus aber sind Handlungen heilsam (*kusala*) oder unheilsam (*akusala*), und diese Bewertung bezieht sich darauf, ob sie helfen, das Erwachen zu erlangen und damit die Zeit, also den Kreislauf der Wiedergeburt zu überwinden.[45]

Ob eine Handlung heilsam ist, hängt vom Motiv der Handlung ab, und von den direkten Folgen – ob sie Leiden oder Freude bewirkt; und vom Beitrag der Handlung zur spirituellen Entwicklung, die schließlich im Erwachen kulminiert. Unheilsame Handlungen werden 1. durch Gier motiviert – und das reicht von einem sanften Verlangen bis hin zu Lust, Neid oder auch der dogmatischen Fixierung auf irgendwelche Ideen; 2. durch Hass – in einem Spektrum von leichter Irritation bis zu wildem Hass; und 3. durch spirituelle Desorientierung, durch die die Wahrheit verschleiert oder verzerrt wahrgenommen wird – etwa dass es gerechtfertigt sei, Kriminelle zu töten.[46]

Es werden fünf Grade schlechten Handelns unterschieden: 1. Wer etwas ohne Absicht tut, z.B. aus Versehen ein Insekt tötet, schafft damit keine karmischen Folgen. 2. Wenn man zwar weiß, dass eine bestimmte Handlung schlecht ist, sie aber trotzdem tut, weil man z.B. nicht ganz im Besitz seiner geistigen Kräfte ist, dann ist das ein geringeres Übel, als wenn man 3. etwas Schlechtes tut, weil man sich über das Objekt der Handlung nicht im Klaren ist. Wenn aber 4. jemand absichtlich etwas Schlechtes tut und sich im vollen Bewusstsein darüber befindet, dass die Handlung schlecht ist, dann sind die karmischen Folgen schwerwiegend. Die übelste Art von Handlung jedoch ist, wenn jemand 5. zwar absichtlich handelt, dies aber in völliger Blindheit gegenüber den moralisch schlechten Folgen tut und z.B. seine schlechte Handlung ideologisch als gut rechtfertigt.

Die buddhistische Ethik beurteilt eine Handlung also nicht nur danach, ob eine festgesetzte Regel befolgt wird, sondern vor allem daran, ob die Handlung in der jeweiligen Situation angemessen und auf das angestrebte Heil hin orientiert ist und welche Folgen sie hat. Handlungen sind nach buddhistischer Sicht nicht nur Tätigkeiten, die etwas im gegenständlichen Bereich verändern, sondern auch Sprechen und Denken ist Handeln – Gegenstand der Ethik sind »Gedanken, Worte und Werke«, wie es im christlichen Kontext heißt.

Die Quelle der ethischen Orientierung stammt aus den Schriften, aus der lebendigen Überlieferung – z.B. durch einen Lehrer – und aus Einsichten, aus logischen Überlegungen oder aus der Meditation. Die Rolle des Gewissens übernimmt einerseits die Selbstachtung – man tut nichts, was die eigene moralische Integrität verschlechtern würde oder wofür man sich zu gut ist – und andererseits das Bewusstsein darüber, welche Konsequenzen mit einer bestimmten Handlung verbunden sind – von Ablehnung durch andere bis zu strafrechtlicher Verfolgung und karmischen Folgen.

Der Buddhismus ist keine Pflichtethik, sondern am ehesten als eine Tugendethik zu bezeichnen. Das heißt, ethisches Verhalten soll nicht »Dienst nach Vorschrift«, sondern ganzheitlich sein und aus einer Lebenshaltung – das, was man in der Antike und im Mittelalter Tugend genannt hat – entstehen. Dazu gehört aber Energie, um seine Entschlüsse durchhalten zu können, auch wenn die Umgebung sich anderen Werten entsprechend verhält, des Weiteren Achtsamkeit und ein klares Verständnis.

MORALISCHE REGELN

An der Spitze aller ethischen Handlungen steht Großzügigkeit und Gebefreudigkeit, *dana*. Zunächst soll dem *sangha*, den Mönchen, gegeben werden, aber dann auch der Familie, den Freunden, den Fremden, den Arbeitern, den Armen und Heimatlosen und auch den Tieren. In den *Jatakas*, den Legenden vom Buddha, als er noch ein Bodhisattva war, wird immer wieder die Gebefreudigkeit des zukünftigen Buddha, hervorgehoben, und dieses Vorbild prägt die buddhistische Haltung.

Die fünf *silas*, die moralischen Regeln, die der Buddha seinen Schülern gegeben hat, müssen im Sinne einer Tugendethik verstanden werden. Sie sollen Richtlinien sein, »Trainingsregeln«, um Haltungen für ein harmonischeres und friedlicheres Leben zu entwickeln.

Die Erste Regel ist »Abstehen vom Töten atmender Wesen und für das Wohlergehen aller Lebewesen sorgen«. Abstehen vom Töten hat viele Gesichter. Da alle Wesen den Kreislauf der Wiedergeburten miteinander teilen, bezieht sich die Regel nicht bloß auf Menschen, sondern auch auf Tiere – freilich mit Abstufungen; ein höher entwickeltes Tier zu töten ist schlimmer als ein niedriger entwickeltes. Allerdings töten Theravada-Mönche im Unterschied zu z.B. Zen-Mönchen auch keine Moskitos, so lästig sie auch sein mögen.

Auch wenn es in den buddhistischen Ländern genauso viele und blutige Kriege gegeben hat wie in anderen Teilen der Welt, unterstützt der Buddhismus den Krieg nicht. Gewaltlose Konfliktlösung wird bevorzugt. Der Buddha, so wird erzählt, hat den Krieg zweier Gemeinschaften um die Wasserressourcen auf gewaltlosem Weg verhindert. Im Übrigen nennen die Sutren Armut und Ungerechtigkeit als die Wurzeln kriegerischer Auseinandersetzungen. Liebende Güte ist das Heilmittel gegen Krieg.

Das lebt z.B. der kambodschanische Mönch Mahaghosananda vor. Obwohl seine ganze Familie vom kommunistischen Pol-Pot-Regime ermordet wurde, ist er ohne Bitterkeit. Sein Beitrag zur Heilung der Gesellschaft kann nicht überschätzt werden. Die Friedensmärsche durch Kambodscha und sein Engagement gegen Landminen haben viel Echo und auch internationale Unterstützung gefunden.

Selbstmord ist nach buddhistischer Sicht unheilsam – es ist eine Variante der Gier, und zwar der Gier nach Vernichtung. Wenn jedoch ein Bodhisattva sein Leben für das Leben anderer Lebewesen opfert, ist dies eine heilsame Handlung. Euthanasie wird aus mehreren Gründen abgelehnt: einmal, weil es Leben nimmt, dann aber auch, weil es besser ist, Leiden auf sich zu nehmen, da dies karmische Früchte bringt. Da es als eine besondere Chance gilt, wenn man als Mensch geboren wird, lehnt der Buddhismus im Allgemeinen auch die Abtreibung ab. Eine Ausnahme ist Japan – hier ist Abtreibung 1947 aus bevölkerungspolitischen Gründen legalisiert worden. Im Laufe der Jahre hat sich ein eigenes Ritual herausgebildet, um den abgetriebenen Fötus, das »Wasser-Kind«, »zurückzubringen« unter die Obhut des Bodhisattva Jizo, bis die nächste Möglichkeit zur Geburt als Mensch da ist.

Die Erste Regel betrifft alle atmenden Lebewesen, also die Menschen und die Tiere, aber nicht die Pflanzen. Diese gelten in Asien nicht überall als Lebewesen. Der Buddha hat seine Gemeinschaft übrigens nicht auf Vegetarismus verpflichtet, sondern seine Mönche angewiesen, Fleisch, das ihnen angeboten wird, nur dann nicht zu essen, wenn es direkt für sie geschlachtet wurde, aber ansonsten anzunehmen, was man ihnen geben will. Trotzdem gilt, dass das Schlachten von Tieren schlechtes Karma erzeugt.

Die Zweite Regel: Abstand nehmen von Diebstahl und Betrug oder nicht zu nehmen, was nicht uns gehört. Dieses Gebot richtet sich gegen die Gier. Es betrifft nicht nur direkte Eigentumsdelikte, sondern bezieht sich auch auf den Erwerb des Lebensunterhalts. Zeitgenössische buddhistische Lehrer wie Thich Nhat Hanh oder Ajahn Buddhadhasa sehen in der kapitalistischen Wirtschaft eine Form des Diebstahls. Denn nicht nur Bananen, Orangensaft, Kleider usw., sondern die meisten Güter, die in den Industrieländern selbstverständlich und billig sind, beinhalten Arbeit, d.h. Lebenszeit von Menschen in anderen Ländern, die für diese Arbeit nicht fair bezahlt werden. Ein solches Verhalten führt, so der Buddha, zum Niedergang einer Gesellschaft, weil die Folge von Gier Armut und Gewalt sind. Eine Ökonomie, die auf die wechselseitige Abhängigkeit aller Wesen Bedacht nimmt, wird mit größerer Sensibilität und Sorgfalt das Leben mit den anderen Lebewesen dieses Planeten teilen. Darauf wird auch im Rahmen buddhistisch inspirierter Ökologie immer wieder hingewiesen.

Die Dritte Regel besagt: Sexuelles Fehlverhalten ist zu vermeiden. Die Adressaten dieser Regel sind nicht nur zum Zölibat verpflichtete Mönche. In der buddhistischen Literatur wird vor allem dem sexuellen (Fehl-)Verhalten von Männern viel Aufmerksamkeit schenkt, das heißt, Themen wie Ehebruch oder Vergewaltigung in unterschiedlichen Varianten nehmen einen großen Raum ein. Frauen werden nur am Rand erwähnt.

Homosexualität wird in vielen traditionellen buddhistischen Ländern abgelehnt, während man im Westen der sexuellen Orientierung nicht allzu viel Gewicht beimisst. Die Dritte Regel zu befolgen heißt, in Fragen der Sexualität verantwortlich und ehrlich zu handeln. Es ist unerlässlich, so sagen die Theravada-Lehrer Jack Kornfield und Joseph Goldstein, auf die Motive zu achten, die mit sexuellen Handlungen verbunden sind. Denn Sexualität verbunden mit Gier oder Hass bedeutet z.B. sexuelle Ausbeutung und in der Folge bitteres Leiden.

Die Vierte Regel ist eine Aufforderung, Lügen und andere Formen falschen Sprechens zu unterlassen. Im

Achtfachen Pfad entspricht das der Aufforderung zur Rechten Rede. Diese Regel gilt gewöhnlich neben der ersten als die wichtigste Regel. Denn Lüge, Übertreibung und über Gebrauch der Sprache verhindern die Suche nach Wahrheit, danach, die Dinge so zu sehen wie sie wirklich sind – und dies ist ein Schlüsselwert des Buddhismus. Auch scharfe, böse Worte oder überflüssiges Geschwätz sind ein Verstoß gegen diese Regel. Rechter Gebrauch der Sprache schließt ein, die Kraft der Worte wahrzunehmen und zu schätzen, das heißt, zur richtigen Zeit, in Übereinstimmung mit der Wahrheit, sanft, zweckmäßig und mit einem freundlichen Herzen zu sprechen. Und es bedeutet auch, mit eben derselben Haltung zuzuhören.

Die Fünfte Regel weist an, sich nicht zu berauschen, sondern die Klarheit des Geistes zu bewahren. Eine thailändische Geschichte erzählt, dass ein Mann, der immer alle *silas* befolgte, einmal dieses eine Gebot brach – und in der Folge dann alle vier anderen. Andererseits lehnt man in buddhistischen Länder Alkohol nicht grundsätzlich ab; meistens gilt das nur für Mönche, die bloß zusammen mit Medizin Alkohol zu sich nehmen. Der entscheidende Punkt ist, ob und wie weit Klarheit des Geistes bewahrt werden kann. Und das betrifft nicht nur Alkohol und sonstige Drogen. Der vietnamesische Zen-Meister Thich Nhat Hanh weist darauf hin, dass nicht nur Alkohol, sondern auch Film, Fernsehen, Zeitschriften und Gespräche den Geist benebeln können. Für ein heilsames Leben und für eine gesunde Gesellschaft, so sagt er, ist ein klarer Geist unabdingbar.

Diese fünf Regeln sind die Basis-Regeln buddhistischer Praxis. Dazu können Laien noch weitere Regeln annehmen. Im Theravada-Buddhismus besagt die sechste Regel, nicht nach 12 Uhr mittags zu essen, die siebte, sich von Musik, Tanz und Schaustellungen fern zu halten, die achte, Blumenschmuck, Schminke, Wohlgeruch und Zierrat zu vermeiden, die neunte, hohe und üppige Betten und ähnliche Sitzgelegenheiten zu meiden, und die zehnte, kein Gold und Silber anzunehmen.

Diese Regeln können entweder alle zusammen oder einzeln zusätzlich zu den *silas* in einer Zeremonie als verbindlich akzeptiert werden.

In Theravada-Ländern bestimmen die *silas* das allgemeine Verständnis, sie gelten als der Kern des Buddhismus und werden soweit wie möglich eingehalten. In Mahayana-Ländern, in denen neben dem Buddhismus vor allem der Konfuzianismus die Ethik bestimmt, sind die Regeln eher eine Art Versprechen sich selbst gegenüber. Nur sehr engagierte Leute »nehmen die Regeln«.

Im Mahayana-Buddhismus gibt es davon abweichend zehn Regeln, die man z.B. im Zen-Buddhismus als Nicht-Mönch in der *jukai*-Zeremonie zusammen mit einer Initiation in den Buddhismus annimmt. Dies ist gewöhnlich damit verbunden, dass die oder der Betreffende ein *Rakusu* bekommt, ein viereckiges Stück Stoff, aus mehreren Stücken zusammengesetzt, das die Robe des Buddha symbolisiert. Die ersten fünf Regeln entsprechen den bereits genannten, Nr. 6 fordert, nicht die Fehler anderer zu diskutieren, Nr. 7, sich nicht selbst zu loben und sich über andere zu erheben, Nr. 8, geistige oder materielle Hilfe nicht widerwillig zu geben, Nr. 9, nicht dem Zorn nachzugeben, und Nr. 10, nicht die Drei Kostbarkeiten (Buddha, Dharma, Sangha) zu verunglimpfen.

GESCHICKTE MITTEL

Für den Bodhisattva, dessen Weisheitsauge die Leerheit aller Phänomene erkennt, sind Regeln nicht bindend – jedenfalls unter bestimmten Umständen. *Upayakausalya*, »geschickte Mittel«, wendet der Bodhisattva an, um anderen Wesen zu helfen, und zwar dann, wenn es nötig ist, die Regeln zu brechen, um Gutes zu tun. Das entspricht in etwa der christlichen Tugend der Epikie.

Wie weit ein Bodhisattva gehen darf, hängt, so heißt es, von seiner spirituellen Entwicklung ab; aber was das genau bedeutet, darüber gibt es in den Mahayana-Texten keine einhellige Meinung. In einer berühmten Geschichte wird erzählt: Ein Kapitän hat 500 Kaufleute an Bord. In der Nacht enthüllt ihm eine Gottheit, dass einer der Passagiere ein Räuber ist, der vorhat, alle anderen zu töten und ihren Besitz zu stehlen. Der Kapitän überlegt: Der Räuber wird für seine Tat für Äonen in der Hölle schmachten; und wenn die aufgebrachten Passagiere den Räuber töten, wird es auch ihnen so ergehen. Wenn er als Kapitän nichts tut, werden viele sterben. Also beschließt er, das kleinste Übel zu wählen: Er selbst wird den Räuber töten, denn selbst wenn er für abertausende Äonen in die Hölle muss, ist es ihm wichtiger, die anderen zu retten. Zeitgenössische Kommentatoren meinen: Der Kapitän wird zwar in einer Hölle wieder geboren, aber lange muss er dort nicht verweilen, weil seine Absicht gut war.

Ein Bodhisattva, so heißt es, wird lügen, um das Leben anderer – aber nicht um sein eigenes zu retten; weibliche Bodhisattvas werden Prostituierte, um die Männer am Haken der Lust auf den Bodhisattva-Weg zu bringen. Im tantrischen Buddhismus Tibets gibt es eine eigene Checkliste, wann ein Bodhisattva töten darf. Eine der Bedingungen besagt, dass dies nur erlaubt ist, wenn es keinen friedlichen Weg mehr gibt, eine weitere, dass dies nur durch spirituelle Kraft geschehen darf, des Weiteren nur aus Großem Erbarmen. Ferner muss durch den Akt des Tötens der Getötete auf den Pfad zur Befreiung gebracht werden.

Der Tantrismus hat den Bruch der Gebote auch sonst gepflegt und zum Übungsweg perfektioniert. Sexualität, der Genuss von Alkohol und Fleisch usw. gehören zu den – allerdings wiederum strikt reglementierten – Regelüberschreitungen, die tantrischen Adepten nach langer Zeit der Vorbereitung durch andere Übungen erlaubt wurden. Mönche wurden dazu zeitweilig von ihren Gelübden entbunden.

Vor allem solche Geschichten haben dem Buddhismus im Westen den Ruf der Freizügigkeit eingetragen. Doch Regelüberschreitungen sind nicht die Norm, sondern die Ausnahme, und sie haben ihre eigenen Regeln.

FRÖMMIGKEIT

Der junge Mann legt die Handflächen aneinander, verbeugt sich tief, entzündet ein Bündel Räucherstäbchen und kniet eine ganze Weile lang auf dem Holzboden vor der überlebensgroßen goldüberzogenen Buddha-Statue. Solche Szenen sieht man in Thailand genauso wie in Japan. Ähnliches kann man auch in Deutschland in den buddhistischen Tempeln, die hier in den letzten Jahren entstanden sind, beobachten. Doch es werden höchstwahrscheinlich Asiaten sein, die beten.

Westlern fällt es schwer, Frömmigkeit und Glauben als Teile der buddhistischen Welt anzunehmen. Glaube im Sinne von Vertrauen (P. *saddha*, Skr. *sraddha*) ist aber eine unabdingbare Voraussetzung für jede Form von Beziehung. Ein gewisser Vertrauensvorschuss und ein kritisches Herangehen sind nötig, wenn man sich auf eine Freundschaft einlässt, aber auch, wenn man sich auf einen spirituellen Weg begibt. Zwar rät der Buddha in dem berühmten und immer wieder zitierten Gespräch mit den Leuten vom Stamm der Kalama, alles selbst zu prüfen; gleichzeitig aber ist eine offenkundige Voraussetzung in diesem Gespräch, dass er selbst für eine vertrauenswürdige Person gehalten wird.

Wer Zuflucht zu Buddha, Dharma und Sangha nimmt, der artikuliert damit Glauben, also Vertrauen in den Weg, den der Buddha zeigt.

In buddhistischen Ländern drückt sich das Vertrauen in die Drei Kostbarkeiten in vielerlei Gesten der Devotion, der hingebungsvollen Frömmigkeit aus. Eine ganz wichtige Geste der Devotion ist die Verbeugung mit vor Kopf, Lippen und Brust oder auch Stirn und Brust gefalteten Händen. Im Mahayana- und Vajrayana-Buddhismus ist es gelegentlich auch üblich, sich in voller Länge auf den Boden zu legen als Akt der Demut. Sich immer und immer wieder vor einer Buddha-Statue zu verbeugen, kann auch ein Akt der Reue sein. »Alles üble Karma, das jemals seit alters durch mich zustande gekommen ist, durch meine anfanglose Gier, meinen Hass und meine Unwissenheit – geboren aus meinem Leib, meinem Mund, meinem Denken – das bekenne ich nun offen und ganz.« So lautet eine Formel, die vor allem im chinesischen und japanischen Zen-Buddhismus häufig rezitiert wird.

Rezitationen sind im Übrigen ein essenzieller Bestandteil buddhistischer Frömmigkeit. Meistens sind es Texte und Formeln in alten Sprachen – in Pali, Alttibetisch oder Sinojapanisch, deren Bedeutung zwar von den rezitierenden Mönchen und Nonnen verstanden wird, aber nicht unbedingt von den Laien. Es gibt keine festgelegten Stimmen, sondern jeder bzw. jede rezitiert in der eigenen Stimmlage – die harmonische Klangkonstellation, die dadurch entstehen kann, ist beeindruckend und transportiert oft etwas von der Ruhe und spirituellen Freude der Mönche bzw. Nonnen. Neben den Sutren gibt es auch bestimmte Formeln, die rezitiert werden, um die schützende Macht des Buddha oder auch der Buddhas anzurufen und zu aktivieren. Solche Formeln sollen vor tödlichen Schlangenbissen, vor wilden Tieren, bösen Geistern, aber auch vor Stürmen und anderen Naturkatastrophen schützen.

Wenn Blumen und Räucherstäbchen vor der Buddha-Statue auf dem Altar platziert werden, dann wird auch ein Gebet gesprochen. Räucherstäbchen erinnern die Opfernden an die Atmosphäre der Heiligkeit und des Lichts, die der Buddha um sich verbreitet. Manchmal werden auch die Bilder der Verstorbenen oder geliebter Menschen auf den Altar gestellt. Auf Altären des tibetischen Buddhismus finden sich immer brennende Butterlämpchen und Opfergaben mit symbolischer Bedeutung. Wasser steht für Gastfreundschaft – Blumen, Räucherwerk, Lämpchen, Parfüm und Essen repräsentieren die fünf Sinne, als Zeichen der Hingabe des Opfernden. Diese symbolisiert hier auch ein weißer Schal, der ein Zeichen freundschaftlicher Verbindung ist. Auf besondere Art wird diese Verbindung durch das Rezitieren der Formel der »Zuflucht zu Buddha, Dharma und Sangha« hergestellt und ausgedrückt.

Schon seit den ersten Jahrhunderten nach dem »völligen« Erlöschen, dem *parinirvana*, des Buddha repräsentieren Stupas den Erwachten. Die ersten Stupas waren Reliquiare für die Gebeine und die Asche des Buddha, und sie wurden bald Gegenstand der Verehrung durch Laien. Später baute man Stupas auch an Orten, die mit dem Leben des Buddha in Verbindung stehen. Der chinesische Pilger Hsüan-tsang bereiste im 7. Jahrhundert u.Z. Indien und berichtete von den Stupas und auch davon, dass sich in ihrem Inneren Sutrentexte befanden, die an die Stelle der Knochen des Buddha getreten waren. Auch können Buddha-Statuen nicht einfach hergestellt und dann benützt werden, sondern es bedarf einer Zeremonie, in der die Statue zu einem lebendigen Bild wird. Dazu gehört z.B., dass ihre Augen befeuchtet werden.

Bilder sind nicht einfach Abbilder, sondern haben eine eigene Qualität. Das gilt selbst für eine so bilderstürmerische Tradition wie den Zen(Ch'an)-Buddhismus. Bilder von chinesischen Ch'an-Meistern enthalten oft Fingernägel oder Haare des Betreffenden, darüber hinaus war es in China auch üblich, den Körper bedeutender Ch'an-Meister zu mumifizieren. Durch die Kulturevolution sind diese Mumien aber verloren gegangen.

Stupas, aber auch Bäume oder Tempel sind als Bilder des Buddha Ziele für Pilger. In Bodh Gaya, dem Ort des Erwachens des Buddha, steht ein Ableger des Baumes, unter dem er Erleuchtung gefunden haben soll. Weitere Ableger stehen in Sri Lanka, davon einer in Kandy in der Nähe des Tempels, in dem ein Zahn des Buddha als Reliquie aufbewahrt wird. Auch Fußabdrücke des Buddha können in Sri Lanka am Mount Siripada betrachtet werden. Die Shwedagon-Pagode in Rangoon in Myanmar, der Potala in Lhasa in Tibet, heilige Berge in China und Japan gehören zu den Orten, zu denen und um die buddhistische Pilger seit Jahrhunderten wandern.

Feste spielen in den buddhistischen Kalendern eine wichtige Rolle – doch sie sind je nach kulturellem Kontext sehr verschieden. Gemeinsames Fest aller Buddhisten sind die Geburt, die Erleuchtung und der Tod des Buddha; es wird gewöhnlich im Mai gefeiert. In Ostasien wird im Sommer ein Fest der hungrigen Geister gefeiert, bei dem die Toten für drei Tage zu den Lebenden eingeladen werden.

MEDITATION

»Meditation« ist ein unumgänglicher Bestandteil des Weges, den der Buddha lehrt und verkörpert. Das Wort kommt von lateinisch »meditari«, üben. »Meditatio« bedeutet im Mittelalter eine Form des besinnlichen Nachdenkens, auch eine Auseinandersetzung mit sich selbst und den Grenzen des möglichen Wissens. Dies ist die Vorstufe zur »contemplatio«, in der es nicht mehr ums Nachdenken geht, sondern um die »dunkle Schau«, wie das ein Mystiker ausgedrückt hat, um die Erfahrung Gottes jenseits von Bildern und Begriffen. Dies kommt der buddhistischen Praxis näher als das Wort »Meditation«.

Gemeinsam haben Meditation, Kontemplation und die aus dem Yoga stammende buddhistische Praxis, dass es sich um eine Form der leiblich-seelisch-geistigen Übung handelt, also um etwas, das durch Wiederholung vertieft und geläufiger wird. Der umfassendste Ausdruck für das, was man heute im Westen Meditation nennt, ist *bhavana*, Entwicklung, Kultivierung. Denn es reicht nicht aus, Texte zu studieren und Lehrern zu lauschen, um *prajna*, Weisheit, zu entwickeln und zum Erwachen zu kommen. Neben dem intellektuellen Verständnis ist eine Umgestaltung der Lebens- und Verhaltensmuster notwendig. An die Stelle unheilsamer Empfindungen, Impulse und Gedanken sollen heilsame treten. Dies ist nur durch »geistige Übungen« zu erreichen, durch eine »Arbeit des Ichs an sich selbst«, eine »Übung an der eigenen Person«.[47] In der europäischen Antike waren derartige Übungen integrierender Teil der Philosophie, und das Christentum hat vieles aus dieser antiken philosophischen Tradition übernommen. In der Neuzeit ist die »Sorge um sich selbst« (M. Foucault) aber in Vergessenheit geraten. Die buddhistische Übungspraxis füllt diese Leerstelle.

In der buddhistischen Tradition gibt es zwar eine reiche Palette von höchst unterschiedlichen Übungsformen, doch eines haben diese Übungen alle gemeinsam: Sie führen von einer ich- und besitzverhafteten Existenz zu einer Erfahrung, die jenseits dieser Grenzen von Ich und Mein liegt und mit Begriffen nicht erfassbar ist. Wie lange dieser Übergang von einer Form der Erfahrung und Lebensweise zu der anderen braucht, hängt von vielen verschiedenen Faktoren ab, die nicht alle zur Disposition stehen. Das heißt, man kann diese Erfahrung des befreienden Erwachens aus der Ich-Verhaftetheit und dem damit verbundenen Leiden nicht einfach »machen«; es ist keine Instant-Methode, sondern ein Weg der Umwandlung, der Geduld und Ausdauer braucht.

Andererseits sind schon nach einigen Monaten kontinuierlichen Übens Ergebnisse bemerkbar. Innere Ruhe und Achtsamkeit nehmen zu, man vermag zunehmend auch in schwierigen Situationen die Geduld zu bewahren, behält in den Hochs und Tiefs des täglichen Lebens einen klareren Kopf und lässt sich von den angenehmen und unangenehmen inneren Stimmungen, die kommen und gehen, nicht mitreißen oder aus dem Gleichgewicht bringen. Man wird einerseits offener für andere, andererseits entwickelt man aber auch ein besseres Gefühl für sich selbst und den eigenen Wert. Psychologisch betrachtet, sind Meditationsübungen Dekonditionierungsprozesse, bei denen man erworbene Muster verlernt, um offen zu sein für neue Situationen. Aber dies ist – aufs Ganze des Prozesses gesehen – eine »Unterbestimmung« der Dimension von Meditationspraxis. Entscheidend ist in jedem Fall die Motivation, mit der man sich auf den Weg der Übung einlässt. Worum geht es im Leben? Das ist die Frage, die beantwortet werden muss.

FORMEN DER MEDITATION

Im Theravada-Buddhismus gibt es zwei große Richtungen: Zunächst sind die Ruhe-Meditation (*samatha*) und die Achtsamkeitsmeditation (*sati*) zu nennen. Dabei übt man die Konzentration auf ein »Objekt« – häufig ist das der Atem, etwa das Gefühl, das entsteht, wenn der Atem in die Nase eintritt oder das Heben und Senken der Bauchdecke – übt. So entsteht einerseits eine zunehmende Präsenz, ein Im-Augenblick-Sein, und zugleich eine innere Ruhe, die sich vertieft zu Erfahrungen bild- und gegenstandsloser Präsenz. Im Theravada werden diese Erfahrungen nach den vier Versenkungsstufen gegliedert, meditative Erfahrungen, von denen es heißt, dass sie einem ermöglichen, »Nirvana mit dem Körper zu berühren«.

Weiterhin wichtig innerhalb der Theravada-Meditationspraxis ist die Einsichtsmeditation (*vipassana*), die zusammen mit der »Beruhigung des Geistes« (*samatha*) für das Erlangen von Nirvana hilfreich ist. Hier gibt es wiederum verschiedene Methoden. Sehr verbreitet ist die aus Burma stammende Methode des Benennens der Augenblick für Augenblick erscheinenden *dharmas*, eine Art von »Aufdeckung« der Bedingtheit der eigenen Existenz. Ebenso verbreitet ist die in Thailand praktizierte Übung einer »natürlichen Achtsamkeit«, die sich an dem »Achtsamkeitssutra« orientiert und deren Basis das Loslassen von »Ich« und »Mein« usw. ist.

> »Im Wald oder unter einem Baum oder in einem leeren Gemach setzt er sich mit gekreuzten Beinen nieder, den Oberkörper gerade aufgerichtet, und beginnt mit der Achtsamkeitsübung. Achtsam atmet er ein und aus. Atmet er lang ein, so ist er sich bewußt, daß er lang einatmet; atmet er kurz ein, so ist er sich bewußt, daß er kurz einatmet; atmet er lang oder kurz aus, so ist er sich bewußt, daß er lang oder kurz ausatmet. Dann übt er sich, jeden Atemzug voll empfindend ein- und auszuatmen; darauf übt er sich, so ein- und auszuatmen, daß der Körper dabei entspannt ist. Dabei verfährt er so wie ein gewandter Drechsler, der bei jeder langen und bei jeder kurzen Umdrehung sich bewußt ist, daß es eine lange oder kurze Umdrehung ist.«[48]

Die Übung der liebenden Güte (*metta*) gehört zu diesen Praktiken. Beginnend mit einer liebevollen Zuwendung zu sich selbst dehnt man das warme und herzliche Gefühl liebender Güte schrittweise immer mehr aus, bis man auch Menschen damit umfassen kann, die man nicht schätzt.

Im Mahayana wurde die Einsichtsmeditation weiterentwickelt, aber auch neue Wege beschritten. So gibt es in der Schule des »Reinen-Land-Buddhismus« Anweisungen, das Paradies des Reinen Landes zu visualisieren. In anderen Richtungen des »Reinen-Land-Buddhismus« ist die beständige Rezitation des Namens des Amitabha-Buddha (»*namu amida butsu*«), gekoppelt mit einer vertrauensvollen Hingabe an den Transzendenten Buddha, der Fokus der Übung. Im Ch'an (jap. Zen) wird in der Soto-Schule das sozusagen pure »Sitzen in Meditation« zur Übung (*Shikantaza*), in der Rinzai-Schule dagegen werden auch Koan verwendet, paradoxe oder auch unsinnig klingende Fragen, auf die es eine Antwort zu finden gilt (z.B.: Höre das Klatschen einer Hand!). Beide Formen der Übung zielen direkt auf die Erfahrung der Leere (*Kensho* oder *Selbstwesenschau*).

Im tantrischen Buddhismus hat sich eine große Fülle von komplexen und in eine reiche Symbolwelt verpackten Übungen entwickelt. Im Westen wird Tantrismus häufig mit einer Art Sex-Spiel gleichgesetzt. Das trifft nicht zu. Der tantrische Buddhismus ist sehr vielschichtig und radikal in seinem Anspruch. Ein Tantriker versucht, die Kraft aller Emotionen als Vehikel zu verwenden, um zur Erfah-

---

LEHRER UND SCHÜLER

In der buddhistischen Tradition gibt es zwei verschiedene Modelle, wie die Beziehung zwischen Lehrer und Schüler aussehen kann. Die eine Form ist die eines »spirituellen Freundes«, verbreitet vor allem im Theravada-Buddhismus. Das ist jemand, der Erfahrung mit dem Übungsweg hat, der selbst durch langjährige Praxis gereift ist und sich in der Tradition gut auskennt. Er fungiert als Rat und Hilfe gebender Begleiter auf dem Weg der Übung. Das andere Modell ist das des »Guru« im tibetischen Buddhismus oder des »Roshi« im Zen-Buddhismus. Hier gilt der Lehrer als eine Verkörperung des Absoluten (auch wenn das vor allem im Zen-Buddhismus nicht explizit gesagt wird) und der Schüler lernt vor allem durch die »Übertragung«, also durch eine Form des intimen Umgangs mit dem Lehrer, jedoch in einem sehr formalen Kontext.

rung der Leere und des Erwachens zu gelangen. Visualisierungen von Buddhas und Bodhisattvas sollen helfen, z.B. Zorn und Hass in »spiegelgleiche Weisheit« umzuwandeln. Auch Gesten (*mudra*) und Lautfolgen (*mantra*) dienen dieser Transformation. Ähnlich dienen Mandalas dazu, den Geist zu zähmen und »umzuwandeln«. Darüber hinaus transportieren Mandalas auch das traditionelle Wissen und sind mit Riten verknüpft. Das Kalachakra Mandala etwa enthält eine Zusammenfassung des relevanten Wissens des alten Tibet. Andere Methoden (Mahamudra und Dzogchen) unterstützen die Manifestation der eingeborenen Buddha-Natur, so dass ein Zustand spontaner Freiheit und Offenheit erreicht wird, in der die Soheit (*tathata*) in Erscheinung treten kann.

Alle diese Methoden kann man nicht aus Büchern lernen, sondern man braucht dazu einen Lehrer, der vorlebt, worum es geht.

Im Westen gibt es für diese nahe Art der Beziehung zwischen Lehrer und Schüler kein Modell, da Intimität entweder auf Eltern-Kind-Beziehungen oder die Beziehung zum Partner beschränkt ist. Daher hat es einige Entgleisungen und Skandale gegeben. Das stellt das Modell »Guru« nicht grundsätzlich in Frage, zeigt aber, dass eine sorgfältige und nüchterne Auswahl des Lehrers in der Verantwortung des Schülers liegt. Die Kriterien sind dieselben wie bei der Auswahl von Freunden: Wahrhaftigkeit, Vertrauenswürdigkeit, Mitgefühl, Kompetenz, Unbestechlichkeit.

VII. AUSBLICK

Der Buddhismus ist vor allem dort sehr erfolgreich, wo in der Struktur der westlichen Gesellschaft Leerstellen sind. Das zeigt sich an vielen Beispielen. Gesucht wird von den meisten eine Meditationspraxis, die das Leben leichter macht, und Lebenshilfe. Doch die grundlegende Selbstlosigkeit, der es nicht um spirituelles Glück und Genuss geht, sondern um radikale Loslösung, ist nicht so einfach zu erreichen; und Nirvana wird nicht unbedingt gesucht. Das ist keine Abwertung der Suche nach einem guten Leben; jedoch ein Hinweis darauf, dass man die Orientierung auch verlieren kann. Vielleicht ist spirituelle Klarheit in einer Gesellschaft, in der die Gier »auf mehr« den Motor der Entwicklung darstellt, auch wirklich schwieriger zu erreichen als in anderen Gesellschaftsformen. Es scheint jedenfalls, als ob der Buddhismus heute in der hoch entwickelten Industriegesellschaft die Sitzkissen abgibt im »stahlharten Gehäuse des Kapitalismus«, dessen Entstehen der Soziologe Max Weber vor mittlerweile fast 100 Jahren diagnostiziert hat.

ANMERKUNGEN

1 Vgl. zu dieser Einteilung G. Samuel: *Civilized Shaman.*, *Buddhism in Tibetan Societies.* Washington/London 1993.

2 Vgl. dazu R. Gombrich: *How Buddhism Began. The Conditioned Genesis of the Early Teachings.* London 1996.

3 T. Takakusu: *The Essentials of Buddhist philosophy.* New York 1947, S. 10.

4 Vgl. dazu L. Schmitthausen: »On some aspects of descriptions or theories of ›Liberating Insight‹ and ›Enlightenment‹. In: *Studien zum Jainismus und Buddhismus.* Wiesbaden 1981.

5 U. Baatz: *Hugo M. Enomiya-Lassalle. Ein Leben zwischen den Welten. Biographie.* Zürich 1998.

6 Henri Le Saux: *Die Spiritualität der Upanishaden.* München 1980.

7 Dazu U. Schneider: *Der Buddhismus*, Darmstadt 4. Aufl. 1997, S. 21.

8 Pali-Kanon, Samyutta Nikaya 12, 65, 19.

9 Pali-Kanon, Anguttara Nikaya 3, 38.

10 Pali-Kanon, Majjhimanikaya 36 I, 243.

11 Pali-Kanon, Majjhima Nikaya 36, I, 247.

12 Pali-Kanon, Majjhima Nikaya 36, I, 249.

13 Pali-Kanon, Mahavagga, I 5.

14 Pali-Kanon, Itivuttaka 91.

15 Die Übersetzung folgt der freien Variation in H. Tauscher: »Die Buddha-Wirklichkeit in den späteren Formen des mahayanistischen Buddhismus«. In: P. Schmidt-Leukel (Hrsg.): *Wer ist Buddha? Eine Gestalt und ihre Bedeutung für die Menschheit.* München 1998, S. 99.

16 H.J. Klimkeit: *Manichean Studies* 1, 1991, S.158.

17 Zitiert nach H. Dumoulin: *Geschichte des Zen-Buddhismus*, Bd. 2. Bern 1986, S. 66.

18 H. Halbfass: *Karma und Wiedergeburt im indischen Denken.* München 2001, S. 21ff.

19 W. Flaherty O'Donogan: »Karma and Rebirth in the Vedas and the Puranas«. In: F.O'Donogan (Hrsg.): *Karma and Rebirth in Classical Indian Traditions.* Delhi 1983, S. 37.

20 T. Vetter: *The Ideas and Meditative Practices of Early Buddhism.* Leiden 1988, S. 26.

21 I. Stevenson: *Cases of the Reincarnation Type*, 4 Bde. Charlotteville 1975–1983.

22 Mitteilung Alois Payer, MA, Institut für Indologie und Religionswissenschaften der Universität Tübingen.

23 Pali-Kanon, Anguttara Nikaya III, 415.

24 E. Conze: *Buddhistisches Denken.* Frankfurt/M, 1988, S. 104 (Übers. v. Conze). Das folgende Kapitel orientiert sich an Conze.

25 Titel eines Romans von Christa Wolf.

26 Mahaghosananda: *Step by Step. Meditations on Wisdom and Compassion.* Berkeley 1982, S. 45.

27 Pali-Kanon, Majjhima Nikaya 1, 163.
28 St. Collins: *Nirvana and Other Buddhist Felicities*. Cambrigde 1998, S. 191–233.
29 Conze, S. 97.
30 Pali-Kanon, Udana VIII 3.
31 J. Schlieter: *Buddhismus zur Einführung*. Hamburg 1997, S. 38ff.
32 Pali-Kanon, Majjhima Nikaya, 72.
33 Schlieter, S.43f.
34 V. Nyanaponika (Hrsg.): *Milindapanha*. Bern/Wien 1998.
35 E. Conze: *Eine kurze Geschichte des Buddhismus*. Frankfurt/M. 1984, S. 39.
36 E. Frauwallner: *Die Philosophie des Buddhismus*. Berlin 1994, S. 198f. (Kap. 25, V.20 u. 24).
37 Zit. nach G.C.C. Chang: *Die buddhistische Lehre von der Ganzheit des Seins*. Bern 1989, S. 98f.
38 Vgl. dazu K. Nishitani: *Was ist Religion?*. Frankfurt/M. 1982.
39 Thich Nhat Hanh: *Zeiten der Achtsamkeit*. Freiburg 1996, S. 153ff.
40 Chang, S.199f.
41 Pali-Kanon, Dhammapada, 96.
42 Vgl. dazu P. Harvey, 1990, S. 65.
43 H.W. Schumann: *Mahayana-Buddhismus*. München 1995, S. 144.
44 P. Harvey, 1990, S. 136.
45 Vgl. zu diesem Kapitel P. Harvey: *An Introduction to Buddhist Ethics*. Cambridge 2000.
46 Ebenda S. 46.
47 P. Hadot: *Philosophie als Lebensform. Geistige Übungen der Antike*. Berlin 1991, S. 179.
48 Majjhima Nikaya, I, 10.

ADRESSEN

Deutschland: Deutsche Buddhistische Union (DBU)
Geschäftsstelle Amalienstr. 71, D-80799 München
Tel.: +49-89-28 25 32, Fax: +49-89-28 01 04
e-Mail: dbu@dharma.de

Österreich: Österreichische Buddhistische Religionsgesellschaft (ÖBR)
A-1010 Wien, Fleischmarkt 16
Tel./Fax: +43-1-512 37 19
e-Mail: info@buddhismus-austria.org

Schweiz: Schweizerische Buddhistische Union (SBU)
c/o Beatrice Geisser, Haus Tao, CH-9427 Wolfhalden
Tel./Fax: +41-71-888 35 39, e-Mail: info@sbu.net

BEGRIFFSGLOSSAR

Amitabha	Buddha des unermeßlichen Lichtes.
Atman	Sanskr., »Ich« und »selbst«.
Bodhisattva	wörtl. »Erleuchtungswesen«, im Mahayana ein Wesen, das gelobt hat, erst ins Nirvana einzugehen, wenn alle Wesen erlöst sind.
Daseinsfaktor	Sanskr. *skandha*, »Anhäufung«. Ein Mensch besteht aus fünf Skandhas: aus Körperlichkeit, Empfindung, Wahrnehmung, Gestaltungsimpulsen und Denken. Dazu gehören u.a. Ch'an/Zen-Buddhismus und Reiner-Land-Buddhismus.
Karma	wörtl. »Tat«, die geistigen und physischen Folgen von Taten in diesem und folgenden Leben.
Leere	Sanskr. *shunyata*, zentraler Begriff des Mahayana-Buddhismus, drückt die Verbundenheit aller Wesen aus, zugleich aber auch ihre Endlichkeit und wechselseitige Abhängigkeit.
Mahayana	wörtl. »großes Fahrzeug«, Buddhismus in Ostasien, mit eigener Sutren-Literatur.
Reiner-Land-Buddhismus	eine Richtung, die in China zur eigenen Schule wurde. Wer sich auf das Erlösungsversprechen des Buddha Amitabha verlässt, wird im Reinen Land wiedergeboren und wird dort leicht Befreiung erlangen.
Soheit	Sankr. *tathata*, die Qualität von Phänomenen, die in ihrer Abhängigkeit, das heißt als leer und zugleich als einzigartig wahrgenommen werden.
Theravada	wörtl. »Schule der Älteren«, Buddhismus in Südost-Asien, der sich nur auf den Pali-Kanon stützt.
Uposatha	Mondfeste zu Voll- und Neumond.
Vajrayana	wörtl. »Fahrzeug des Donnerkeils«, Buddhismus in Tibet mit starken tantrischen Einflüssen.
Yaksa	Sanskr., niedere Götterklasse bzw. glückbringende Geister im indischen Volksglauben.
Zen-Buddhismus	eigentlich Ch'an-Buddhismus, entstand im 8. Jahrhundert in China als eigene Schule des Buddhismus mit starker Betonung der Meditation.

LITERATUR

Aitken, R.: *Ethik des Zen*. 2. Aufl. München 1995.

Baumann, M.: *Deutsche Buddhisten. Geschichte und Gemeinschaften*. Marburg 1993.

Bechert, H./Gombrich, R. (Hrsg.): *Der Buddhismus. Geschichte und Gegenwart*. 2. Aufl. München 1989.

Brück, M. von: *Buddhismus: Grundlagen – Geschichte – Praxis*. München 1998.

Brück, M. von/Lay, W.: *Buddhismus und Christentum. Geschichte, Konfrontation, Dialog*. München 1998.

Conze, E.: *Buddhistisches Denken*. Frankfurt 1980.

Dodin, Th./Räther, H. (Hrsg.): *Mythos Tibet. Wahrnehmungen, Projektionen, Phantasien*. Köln 1997.

Dumoulin, H.: *Spiritualität des Buddhismus*. Mainz 1995.

Faure, B.: *Buddhismus*. München 1998.

Fields, R.: *How the Swans Came to the Lake. A Narrative History of Buddhism in America*. 2. Aufl. Boulder 1992.

Gäng, P.: *Was ist Buddhismus?* Frankfurt M./New York 1996.

Harvey, P.: *An Introduction to Buddhism, Teachings, History and Practice*. Cambridge 1990.

Harvey, P.: *An Introduction to Buddhist Ethics*. Cambridge 2000.

Kapleau, Ph.: *Die drei Pfeiler des Zen. Lehre – Übung – Erleuchtung*. Bern 1979.

Nyanaponika Mahathera: *Geistestraining durch Achtsamkeit*. Konstanz 1993.

Payutto, P.: *Buddhistische Ökonomie. Mit rechter Absicht zu Wohlstand und Glück*. Bern 1999.

Queen, Chr./King, S. (Hrsg.): *Engaged Buddhism. Buddhist Liberation Movements in Asia*. New York 1996.

Schlieter, J.: *Buddhismus. Eine Einführung*. Hamburg 1997.

Schumann, H.W.: *Buddhismus. Stifter, Schulen und Systeme*. München, 7. Aufl. 2001.

Sivaraksa, S.: *Saat des Friedens*. Braunschweig 1995.

Steinkellner, E.: *Santideva. Eintritt in das Leben zur Erleuchtung*. München 3. Aufl. 1997.

Thich Nhat Hanh: *Zeiten der Achtsamkeit*. Freiburg 1996.

Victoria, B.: *Zen, Nationalismus, Krieg. Eine unheimliche Allianz*. Berlin 1997.

Weil, A. (Hrsg.): *Stiller Geist – Klarer Geist. Buddhistische Meditation*. Berlin 1998.

ZUR AUTORIN

Ursula Baatz, Dr.phil., studierte Philosophie, Psychologie und Politikwissenschaft, arbeitet in der Abteilung »Religion« des ORF in Wien. Lehraufträge an der Universität Wien mit dem Schwerpunkt »Buddhismus«, Mitherausgeberin von »polylog – Zeitschrift für interkulturelles Philosophieren«. Sie veröffentlichte u.a. die Biografie »H. M. Enomiya-Lassalle – Ein Leben zwischen den Welten« (1998). Ihre langjährige Zen-Praxis wird durch fortgesetzte Asienaufenthalte ergänzt.

DANKSAGUNG

Danken möchte ich meinen Lehrern, vor allem Hugo M. Enomiya-Lassalle, der vorgelebt hat, was es heißt, »auf dem Weg« zu sein. Ohne die Studenten am Institut für Philosophie der Universität Wien und ihre insistierenden Fragen zum Thema Buddhismus hätte ich über vieles nie nachgedacht – danke. Dank auch den Freunden, mit denen ich über Jahre hinweg über »den Weg« im Gespräch sein darf, vor allem Karl Obermayer, Manfred B. Steger und Perle Besserman, und Sabine C. Schmidtke, die dieses Büchlein mit Freundschaft, Fragen und Korrekturen begleitet hat.